最新版

肌断食

スキンケア、やめました

Kyoko Hirano

平野卿子

河出書房新社

目次

5月

＊医師のアドバイスは、北里研究所病院の担当医（当時）だった矢沢慶史医師にお願いした。

肌断食——スキンケア、やめました

最新版のためのまえがき

ふとした気まぐれからスキンケアをすっぱりやめて7年。え？　もう7年？　自分でもびっくりしています。

気づいたら「スキンケア」という言葉はわたしの人生から完全に姿を消していた……。もはやスキンケアをしていないことすら意識になく、外出しない日は「顔がある」ことさえ忘れているありさまです（事実、うっかりすると顔を洗うのを忘れます）。

いまのわたしの暮らしは、その当時とすこしもかわりません。なぜか。それは、あのときいきなり「真理」にたどりついてしまったからです。

ですから、その後の「肌断食生活」について新たな発見もないし、反省もありません。あるのはただ、スキンケアはいらない——この単純な事実だけ。ただしこれは今、いっそうの自信をもって言えます。当時との違いがあるとしたら、これだけかな。

なら、最新版を出す意味はどこにあるの？　あなたはそう思われるかもしれませんね。それはこの本を手に取ってくださったあなたが、どうか挫折することのないようにとの思いからです。

ひとそれぞれ。肌も生活もそれぞれ。何もつけなくていいと言われたからといって、みんながみんな、すんなり実践できるとは限らない——せっかく「肌断食」を始めたのに挫折してしまった人たちがいるのを知ったとき、つくづくそう思いました。

「1週間ほど続けたけど、肌がつっぱってだめだった」という人。

「暖かいうちはよかったけれど、寒くなったらかさついてだめだった」という人。

それを乗り越えさえすれば大丈夫、と励ましたのですが、「個人差がある」「わたしは肌が弱いから」などと、あきらめてしまったのです。

理論的に納得しても、実践できるとはかぎりません。現にわたしはこう書いています——始めてしばらくして顔中の皮がむけてしまい、北里研究所病院に電話しようと決心したときのことです——とにかく診てもらおう、それでもし、何かつけたほうがいいと言われたら、そうしよう。

そう、猛烈なひりひり感とかさつきに見舞われながらもわたしがやりとおすことができたのは、定期的に病院で肌チェックを受け、このまま何もつけなくて大丈夫ですよ、と励ましてくれる専門家がいたからなのです。わたしが特に意志が強かったわけではありません。けれどもそのことに充分に思いを致さなかった……これがわたしの反省点です。

先に新たな発見も反省もないと言いましたが、それはあくまでもわたし自身の「肌断食生活」についてであって、挫折してしまった人たちがいることについては、今述べたような思いがあります。

それからもうひとつお伝えしたいのは、ぜったいに全部やめなければ、と思わないようにということです。できる範囲で減らすだけでもかならず効果があります。暮らしや環境はもちろんのこと、何をつらいと感じるか――それこそ「個人差」があるのですから。

ひとりでも多くの方に安心してスキンケアをやめていただくために、今回は専門家のお話を伺おうと思いました。となれば、かつてお世話になった北里研究所病院美容医学センターの創設者で、この方法を早くから提唱しておられた宇津木龍一氏をおいてほかにありません。

対談をお願いしたところ、二つ返事でお引き受けいただきました。感謝、感謝のひとことです。

「スキンケア、やめようかな?」と考えているあなた。どうか親船に乗った気持ちで「スキンケア、やめました!」の世界へ!

はじめに

女は無人島でも化粧するという表現がある。古代から女たちは化粧をしてきた。これはほとんど文化の発祥と同じくらい古い。ことほどさように女性と化粧とは深い関係があるのだ。「あら、わたしはメイクはしないわ」という人も、化粧水や乳液はつけている、つまりスキンケアはしているのではないだろうか。

わたしたち女は常に何かを顔に塗ってきた。だから、何も塗らないことに大いなる抵抗があるはずだ。かくいうわたしもそのひとり（だった）。

あなたはこんなふうに思ってはいないだろうか——

①洗顔したら、化粧水や乳液で保湿する必要がある
②空気が乾燥すると肌が乾燥する
③年を取ると皮脂量や水分量が減る
④日焼け止めクリームをつけないとシミになる

これらがすべて「刷り込み」だったら？　何もかも間違いだとしたら？

そんなはずはない。あなたは言うかもしれない。雑誌でも新聞でもテレビでも、くりかえしそう言っているじゃない。それも、コマーシャルだけじゃない。皮膚科医をはじめとする専門家が「きちんとした」意見として述べているんだから……。

よくわかる。かくいうわたしもそのひとりだったから。これらすべてが間違いだということを、自分の経験を通して明らかにしていきたい。この本の目的はそこにある。

これからお目にかけるのは、２０１０年2月、ふとした偶然からスキンケアをすべてやめた（ただし、メイクはもとのままだ）、わたしの1年間の記録である。

「実年齢をはるかに上まわっている」（北里研究所病院での第1回肌診断）と言われたわたしの肌は、スキンケアをやめてからどうなったか。

４ヶ月後。肌の測定値は「シワ」「シミ」「キメ」「毛穴」などすべての項目で「平均値以上」となった（同年齢の女性の平均値を50とすると69～87）。

1年後。すべての項目で前回をはるかに上回った（79～96）。

シワもシミも減り、ほうれい線はびっくりするほど浅くなり、なんと色まで白くなっていた。ファンデーションを買いに行ったとき、カウンターで「7色ありますが、どれもお客様の肌より暗くなってしまいますけど」と言われたときにはほんとに驚いた。

しかも、この間わたしはひとつ年を取っているのだ。それを思うと、いっそう驚きの結果だといえるだろう。

この1年で何を得たかって？

きれいな肌（当人比）

時間とお金

スキンケアの費用？　カウント外

世の中何が難しいって、刷り込みから抜けだすのくらい難しいことはない。それが生活実感にぴったり合っている場合にはとくにそうだ。自分のなかにある刷り込みを自覚して1年間何もつけずにきたわたしだが、それでもシミジミそう思う。

たとえば、地球が太陽を回っているという説。誰もが納得している。だって、不動の真理だし、きちんと証明されているし、さまざまな科学はそれをもとに成り立っているのだから。

でも、でも、もしこれが、新しい学説だったらどうだろう。地球は動かず、太陽が回っていると刷り込まれていたら……。いきなり「地球が回っている」と言われても、はたして信じられるだろうか。

どうして？　そんなはずないよ。だって、ふつうに歩けるじゃない。太陽が回っているんだよ。

その証拠に朝になると太陽が昇ってきて、夕方になると沈んでいくじゃない――誰もがこう思うに違いない。

　話がいやに大きくなってしまったが、要するに、なんであれ、実感に支えられた刷り込みから抜けだすのは、おそろしく難しいということだ。


　スキンケアの場合、実感とは次のようなものだ。
①洗顔後、何もつけないでいると肌がつっぱる
②化粧水や乳液、クリームをつけると、しっとり感があり、肌が美しく見える
③冬になると肌が乾燥する
そう、テレビや新聞、雑誌で言っている通りのことが起きるのだ――スキンケアをしていれば。

　肌の仕組みについてくわしいことがわかったのは、そう昔のことではない。長い間、皮膚を乾燥から守っているのはもっぱら皮脂だと思われてきた。だが今では、保湿に関する皮脂の役割はわずかであり、中心的な役割を担っているのは、皮膚の中にある細胞間脂質や天然保湿因子（ＮＭＦ）だということがわかっている。

　またわたしたちの肌を守る大切な働きをしている皮膚常在菌（１１６ページ参照）の働きについてくわしいことがわかったのも、たかだかこの十数年のことだ。

つまり、皮膚科学は近年、急速に進歩した分野なのだ。

だが、スキンケアの習慣は、そのはるか以前から、生活にしっかりと根を下ろしてしまっていた。だから、誰もが肌に何か塗っている。すると、その結果先に述べたような現象が起きる——こうして、スキンケアはますますしっかりと生活の中に刷り込まれていったのだ。

それまでのわたし

朝、洗顔フォームで洗顔。保湿が大事なので洗顔後すぐに化粧水をつける。しっとりして水分がしみこむような気がする。

このままだと水分が蒸発してしまうので油分でフタをしなくちゃ、と乳液をつける。すると、しっとりしてなんだか保湿されたような気が……。触ってみると、ほんとだ、すべすべしている。鏡を見る。あら、しっとりつやつや——満足。

さて、日焼け止めクリームをつけなくちゃ。紫外線は一年中降り注いでいるもんね。家の中にいても「窓が大きくて日光が射しこむ場合はつけなさい」って、どこかの大学病院のお医者さんがテレビで言ってたっけ。

それから生活紫外線っていうのも忘れてはいけない。なんでも、洗濯物を干すときやゴミを出すときもしっかり紫外線を浴びているとか。おまけにわたしは紫外線アレルギーだから、人一倍気をつけなくちゃね。

外出する日は、その上にリキッドファンデーションとポイントメイクを。パウダーファンデーションよりリキッドのほうがきれいに見えるし、しっとりする。雑誌にも、「中年以降はリキッドを使いましょう。パウダーファンデーションは乾くので若い人のものです」って書いてあったし……。

帰宅後、クレンジング剤でメイクを落とす。メイクは肌に悪いのでしっかり落とさなくては。だから、クレンジングのあとは洗顔フォームでW洗顔。それから化粧水を。夜は肌が疲れているから朝よりもたっぷりとつけないと。時間があればローションパックをすることも。その後、乳液、クリーム。

鏡を見る。あら、しっとりつやつや——満足して寝る。

外出しない日も、メイクをしないだけでスキンケアに関しては変わらない。

思えばなんとほぼ半世紀、わたしはこうしてスキンケアをしてきたのだ。

だが、じつはしっとりつやつやしているのは肌の上にのっかった乳液やクリームで、その下の素肌はスキンケアのために日々衰えていた……ということを今のわたしは知っている。

ここでひとつお断りしておきたいのだが、わたしはいわゆる「ナチュラル派」ではない。「何もつけない」というと、いわゆる自然愛好家、「ナチュラル派」かもと思われるかもしれないが、まるで違う。

むろん、自然を愛することはすばらしい。けれども有機野菜や玄米、自然食品を中心に――というような暮らしはわたしには向かない。なんであれ、ストイックな生活は苦手なのだ。単にずぼらなだけかもしれないが。

おまけにすごい夜更かしで、健康的な生活とはほど遠い。寝るのは午前2時から3時の間で、成長ホルモンが多く分泌されるため、新陳代謝が活発になる「お肌のゴールデンタイム」がちょうど終わったときときている、起きるのは午前9時から10時ごろだ。

「スキンケアをしない＝すっぴん」ではない

化粧品にはスキンケア用化粧品とメイク用化粧品の両方があるのはご存じだろう。どちらにも「化粧」という語が入っているために、往々にして混乱が起きる。

先に書いたように、わたしはスキンケアはすべてやめたが、メイクのほうは基本的に以前と同じだ。「なぜ？　肌に悪いんじゃなかったの？」と言われるかもしれない。

そう、スキンケア用でもメイク用でも、すべての化粧品は肌に悪い。だから、つりないほうがいいのはもちろんだ。これははっきりしている。だが、肌への悪影響は、メイクのほうがずっと少ない。なぜなら――

①スキンケア用化粧品と比べて、肌にのせている時間が圧倒的に短い

②メイクが肌に悪い最大の理由は、クレンジングにある。だからこれさえ使わなければ、肌はそんなに傷まない

「メイクには顔を美しく変身させる劇的な効果がありますから、メイクを楽しむのは大賛成です。化粧そのものは、それほど肌に悪いことはありません」（注1）

ここでぜひこの点を強調しておきたい。

メイクの効用

「あなたはなぜメイクをするのか？」

こう聞かれたら、あなたはなんと答えるだろうか。

「きれいになるから」

これが大半の人の反応だろう。

むろん、好みは別だ。たとえメイクしたほうがきれいに見えても、素顔のほうが自然で好きだと

いう人はいるだろう。

「好きではないけれど、すっぴんじゃ職場に行けないから」

などという人もいるかもしれない。

メイクに心理的にも好ましい作用があることは、『化粧の心理学』（注2）でも明らかにされているが、9・11のあと、アメリカでは赤い口紅が猛烈な勢いで売れたという。赤い口紅はわたしたちを元気にしてくれるからだ。

こんな話もある。ユーゴ内戦で、アメリカのボランティア団体が、難民生活をしているボスニアの女性たちに何が欲しいか尋ねたところ、食料品や下着などの生活必需品ではなく、口紅やアクセサリーだったというのだ。

メイクには、セラピーという働きもあり、認知症のおばあさんのおむつがとれたり、顔面神経麻痺の患者さんが社会に出て行くサポートをしたなどの例が報告されている。かづきれいこさんの「リハビリメイク」も有名だ。

どんなに年を取っても、きれいになった自分を見れば、女性は気持ちがはずむものだ。

メイクはケーキのようなものだと思う。好きでない人は食べなければいい。第一、そのほうが健康にも美容にもいい。でも、大好きだったら？　わたしのように。さよならはつらい。いいじゃない、コレステロールがあっても、カロリーが高くても。食べすぎなければ。

くりかえすが、やめるべきはスキンケアなのだ。

美肌の産地は僧院?

昔ドイツにいたとき(1968年)、仲間にT子さんという人がいた。ワシントン大学の政治学科を卒業後、ドイツに留学していた。

肌がとてもきれいだったので、「何をつけているの?」と聞いたことがある。すると何もつけていないというのでびっくりした。

わたしより先に帰国したT子さんは、ドイツのわたしに時々手紙をくれた。

ある日、いつものように彼女の手紙を開いたら、挟まれていた写真がぱらぱらと床に落ちた。あわてて拾いあげると、なんとくりくり坊主の彼女が写っていた。

一瞬わたしはなんのことかわからなかった。手紙には、出家したとかんたんに記されていただけで、そこにいたった心境などはわからなかったが、最後の1行はずっと心に残った——剃髪する前の晩、母に泣かれました。まだ30歳にもなっていなかった。

日本に戻ってから1度お寺に彼女を訪ねたことがある。毎朝5時起きで元気に精進していた。あいかわらず何もつけていなかったが、肌はドイツにいたときよりさらにきれいだった。

今にして思えば、化粧品を使わないうえに、早寝早起き、健康的な食生活という、美肌を作るうえで理想的な環境だったのだろう。ここまで書いてきて、ふと昔読んだ記事を思いだした。なんでもアメリカの大手の化粧品会社が、女性の肌の美しさを調査したところ、いちばんの美肌の持ち主は修道院の尼僧だったというのだ。その結果、この調査は御蔵《おくら》になったという。

スキンケアをまったくしていない女性を、T子さんしか知らなかった。しかもその彼女の肌はとびきりきれいだったのだ。なぜそのとき、ふしぎに思わなかったのだろう。

きっかけはトーマス・マン？

わたしの仕事は翻訳で、そのほか週に1度大学で教えている。専門はドイツ語。当時、トーマス・マン『トーニオ・クレーガー』の新訳を抱え、わたしは悪戦苦闘していた。

そんなある日、定期購読している雑誌『クロワッサン』が配達されてきた。

そのとき、ふと目に留まった小さな書評。皮膚科医が書いたスキンケアに関する本だった。そこにはびっくりするようなことが書いてあった。

化粧水をいくらつけても保湿にはならない

ふつうの外出なら日焼け止めはいらない。おしろいかパウダーファンデーションで充分リキッドよりパウダーファンデーションのほうが肌によい

何もかもがこれまで思っていたこととは正反対だった。すぐに書店に行ってみた。たまたま目当ての本がなかったので同じ著者の別の本（注3）を買い、一気に読んでしまった。今思うと、これ自体けっこうふしぎだ。それまで（老化現象を別にすれば）肌のトラブルと無縁だったからだ。そのとき八方ふさがりのような気分でなければ、たぶんこの短い書評に目が留まることはなかったろう。いや、たとえ読んでも、本を買いに行ったりしなかったはずだ。

人生ってほんと、どこに分かれ道があるかわからない——いささか大げさだが、実感だ。なにしろそれをきっかけに半世紀もの間続けてきたことをすっぱりやめてしまったのだから。

さて、驚いたわたしは、さらに別の本（注4）を買った。最初の本はシンプルとはいえスキンケアを勧めていたが、こちらはより徹底していた。このとき学んだのは、次のようなことだ。

★洗顔には石けんを

しっとりタイプの洗顔料はよくない。洗いあがりがつっぱらないとしたら、その理由は、中に含まれている保湿剤や油が膜を作っているからであり、そのために肌の本来の再生能力が妨げられて

しまう。

★洗顔後、肌は自力で潤う

たとえ洗顔直後に肌がつっぱっても、健康な肌なら肌は再生する。

★クレンジングは肌を荒らす

クレンジングの主成分は界面活性剤である。要するに洗剤と同じ成分であり、界面活性剤は肌を荒らす元凶である。ウォータープルーフなどの特殊なファンデーションでない限り、ファンデーションは石けんで落ちる。

★リキッドよりパウダーファンデーションのほうが肌によい

リキッドは水分を含むため、防腐剤や界面活性剤が多く使われている。水は放っておけば当然腐るから、防腐剤はどうしても必要になる。だからパウダーファンデーションのような固形のもののほうが肌への負担が少ない。（補注・防腐剤としていちばんよく使われているのがパラベン。防腐剤無添加とか、パラベンフリーとかをうたっている化粧品にも、もちろん防腐剤は含まれている。ただ、別のものを使っているだけだ。代表的なものに、フェノキシエタノール、ＢＧ、アルコールなどがある。そのほか、サリチル酸、シラカバ葉エキス、カミツレエキスなど多数）

★日常生活では、日焼け止めはいらない

日焼け止めはたしかに紫外線を防ぐが、肌に大きな負担がかかる。また、ニキビの悪化や光線過敏症皮膚炎などの副作用もある。むろん、海や山に出かけたり、長時間炎天下にいたりするようなときは日焼け止めを塗るのはしかたないが、ふだんの生活では、おしろい（ルースパウダー）やパウダーファンデーションで充分。紫外線防止には、日傘や帽子、長袖の服を活用すること。パウダーファンデーションには光を散乱させる働きがあるので、ＳＰＦ表示のないものでも紫外線防止効果がある。おしろいなら、添加物が少ないのでもっとよい。

★ＳＰＦ15も50もＵＶカット率はほとんど変わらない

日焼け止めの効果の指標としてＳＰＦ値が使われるが、ＳＰＦ値の高いものはとくに肌によくない。おまけに、信じられないかもしれないが、ＳＰＦ15でも50でも効果はほとんど変わらない（88ページ参照）。

同時にひとつの記憶が甦ってきた。

40年近く前から「化粧品で肌は美しくなりません」朝日新聞の記事

ずっと以前、スキンケア化粧品のために顔中にシミが広がった女性のことが新聞に載り、大きな反響を呼んだことがあった（1979年11月29日朝刊）。化粧品をすべてやめたら、ようやくよくなったという。そのとき、スキンケア化粧品はトラブルを起こしやすいという皮膚科医の談話も紹介されていた。

影響されやすいわたしは、その後しばらく何もつけなかった。どれくらい続いたかは覚えていない。このときも冬だった。ひりひりする痛みで夜中に目がさめたことが幾度もあり、それがきっかけで挫折した記憶がある。

いずれにせよ、いつのまにか以前と同じスキンケアに戻っていた。それからは先に書いたように、最も一般的なスキンケアを続けてきた。一度は「何もつけないほうがいい」と思ったのに続かなかった原因の最大のものは、なんといっても、つけると実際にしっとりするうえにきれいに見えたからだ。

また、化粧品の進歩を信じていたこともあったように思う。つまり、以前の化粧品とは違い、今の製品はきっと肌にいいんだろう、勝手にそんなふうに思っていたのだ。それに、ヒアルロン酸だの、コラーゲンだの、天然保湿因子だの、〇〇〇エキスだの、それまで知らなかったもっともらしい言葉が宣伝にはあふれていたし（わたしのような科学オンチは、人一倍「科学的」な表現に弱い）。

今回読んだ本のうち、2冊目には、40年前とほとんど同じようなことが書いてあった。わたしは思った。医学の進歩はめざましく、日々新しい治療法や薬があらわれているというのに、ことスキンケアに関しては、皮膚科医は40年近く前の新聞記事と基本のところで同じことを言っている――ということは、ひょっとしてこれが正しいのでは？

やってみよう！　そう思った

開始日時は、切りがよく、覚えやすいので15日にした。

2月15日 ——開始

スキンケアよ、さようなら

さて、初日だ。浴用石けんをネットで泡立て、こすらないように気をつけてそっと洗う。まあ、ここまでは基本的に同じ。それから——何もつけない。

覚悟していたとはいえ、ものすごくつっぱる。何度も化粧水に手を伸ばしそうになり、そのたびに我慢、我慢、と言い聞かせる。ぴりぴりして痛いくらいだ。

始めた時期もよくなかった。40年前の挫折を思いだす。あのときも冬だった。2月15日といえば、真冬もいいところだ。空気も乾ききっているし（湿度が低くても、肌が完全に健康ならつっぱらないということはあとで知った）。

もっと暖かくなってから始めればよかったのかな。そうしたら、こんなにつっぱらなかったにきまっている。でも、せっかく決めたんだもの、実行あるのみ。

書斎の机にスキンケア時代の残骸（初日にこの表現はおおげさか……）があるのが目に入る。保湿スプレーだ。冬は肌がつっぱるので、仕事をしながらシュッシュッとやっていた。けっこう高かったなあ、これ……と、目の毒とばかりに本箱の隅に追いやる。捨てちゃおうかな。

すると、心の中で「でも、もし、万が一、挫折したら」とささやく声が。大丈夫だろうか、初日からこんなで。

まあ、そんなこんなでとにかく夜になった。お風呂に入って浴用石けんで身体も顔も洗う。お風呂から上がり、あやうくボディローションをスプレーしそうになって、はっとした――顔に何もつけないのに、身体につけてどうする。

こうして何もつけないでいると、なんだかものすごくラクだ。

生まれつき皮脂が少ないせいか、若いころから乾燥肌だという意識が強かった。だから、入浴後はふだんより水分の蒸発が早いため（身体が温まっているから。ただしこれは身体の表面の水分のことだとあとから知った）、すぐに化粧水をつけなくてはと思い込んでいた。

そこで化粧水だけは脱衣所に置き、お風呂から上がるとすぐにつけていた。ほかのスキンケアもできるだけ時間を置かずにするようにしていた。ずぼらなわりにこれだけはマメだったことを発見。

そのまま何もつけずにまた仕事にかかる。午前3時に就寝。

翌朝、10時ごろ起床。昔のようにひりひりして目がさめるようなことはなかった。とりあえずひと安心。

さて、昨日と同じように泡立てネットで石けんを泡立てて洗顔する。おや？　なんだか様子が違う。すべすべ感がないのだ。今までは朝、顔を洗うとつるりと手がすべったのに。たった1日でこうも違うなんて。うーん、なぜだ。

化粧水のあのしっとり感が恋しい。なんだか見た目も違うような気がする。でも、まあ、いいか。どうせどこへも行かないんだから。

大丈夫？　皮がボロボロ

数日後、盛大に皮がむけてきた。顔中粉が吹いたようになっている。外へ出るのにマスクとめがねが欠かせない。幸い花粉症の時期と重なり、マスクをしている人が大勢いるので、あまり目立たずにすんだけれど。

それにしてもまあ、つっぱることつっぱること。

段階を踏んだほうがよかったのかもという思いが、ふと頭をよぎる。そういえば、どこかに「少しずつ化粧品を減らしていけば、そのうち何もつけなくても平気になります」とかなんとか書いてあったような。でも、そういう慎重なやり方はわたしには向かないと思う。なんであれ、「少しずつ、ゆっくりと」は柄ではない。

毎朝、起きるとすぐに鏡を見る。思えばこんなに熱心に鏡をのぞいたことはなかった。まるで白雪姫のおっかさんだ。いくら見つめていても、皮むけがよくならないのはもちろんわかってるけど。

それにしても……わたしは首をひねった。今までのわたしのケアは、けっして特別なものではなかったはずだ。なのに、このひどさはどうだ。

そのうち、あることに思い当たった。そう、わたしにはひとつだけ、人の何倍も塗りたくっていたものがあった……。

わたしには「顔がある」

わたしは憧れのクレタ島の紺碧の海に囲まれたすてきなリゾートホテルにいた。すばらしいバカンスを過ごすはずだった。

1日目。エーゲ海を満喫して夕方レストランに。むろん大きな帽子をかぶり、しっかり日焼け止めクリームを塗っていた。このとき、なんだか顔が熱くてかゆかった。変だな……と思いつつ、そのまま食事をして部屋へ。

その晩おそく、顔が腫れてきた。それも尋常な腫れ方ではない。なんというか、顔の面積だけでなく、容積も倍になったと言ったらいいだろうか。

腫れは時間を追ってひどくなり、顔中ぱんぱんになって、夜中にはとうとうあごが消えた。つまり、下唇から鎖骨までつながった、そんな感じになったのだ。そのときのショック、おわかりいただだけるだろうか。

　このころには顔が重くて起きていられなくなった。わたしは思った。ギリシアの紫外線は強烈だ。ひょっとするとこれがよくいわれる紫外線アレルギーかもしれない。

　冷蔵庫の氷を使って、タオルで顔を冷やす。ひたすら横になる。顔が重くて起きあがれない――こんな状態が想像できるだろうか。そのとき、わたしは悟った。人体とは、どの部分であれ、その存在を意識したときには、すでに異常な状態なのだ、と。歯があると思ったら、歯が痛いとか腫れているとか、つまり何か具合が悪いときだ。胃だって膝だって、正常な状態なら、あることを意識したりしない。

　クレタ島にいる間、わたしはずっと思っていた――わたしには「顔がある」。

　必死で冷やし続けた翌朝、わずかに腫れが引いたような気がしたが、あいかわらずすごいご面相だ。こうしてホテルの部屋から出ることもままならず、食事をすべてルームサービスにして、せっかくのバカンスは過ぎていった。なにしろ身体を起こすと自分の顔を支えられないのだから、横になっているしかない。

　２日ほどして、どうにか起きていられるようにはなったが、やはり顔がすごく重いので、寝ているほうがラクだった。

　次の日、ようやく顔が洗えるようになった。それまでは、顔が落ちてきそうで下を向くことができなかったのだ。

久しぶりに顔を洗った瞬間、あらたな衝撃が待っていた。顔中ざらざらだったのだ。まるで手のひらがすりむけるのではないかと言いたくなるほど（やけくそでわたしは、これをサンドペーパースキンと名づけた）。

クレタ島最後の日、ようやくホテルの庭に出られるようになり、紺碧の空を眺めることができた。アテネに行ったころには、「おや、最近おたふく風邪でも？」と思われるくらいには回復していた。いくらなんでもこのまま永久に腫れているとは思わなかったが、サンドペーパースキンのほうは心配だった。少しもよくならないのだ。

ほうほうのていで帰国した。こうして、憧れのギリシア旅行は惨憺たる思い出となって幕を閉じたのだった。

さて、帰国した翌朝、腫れもまあまあ引き、いつものように顔を洗ったわたしは、またびっくり。たった一晩でサンドペーパースキンがあとかたもなくなっていたのだ。以前のようにつるりとしていた。これは今でも謎だ。日本の水のせい？　気候のせい？　心理的な安心感？　わからない。

いずれにせよ、この体験はわたしに異常なほどの紫外線恐怖を植え付けた。こうしてせっせと日焼け止めを塗るようになったのだった。

さて、予想以上のつっぱり感や皮むけ――それでも続けようと決心したのには、いくつかわけがある。
①正しい方向へ進んでいるはずだという勘のようなものがあったこと。また、仕事から来る閉塞感も手伝い、なにか変わったことをしてみたいという気持ちもあった
②前回の挫折を思いだし、今度こそやりとげようと思ったこと
③あまりにラクでこたえられなかったこと
何もつけない！　なんてラクなの。

スキンケアをしないということは、お金がまったくかからないということだけではない、朝晩の手間も時間も省けるのだ。わたしの場合、朝晩の洗顔だけ。平均40秒。これがすべてだ。

したがって、人生が長くなる。前に述べたように、特別なケアをしていたわけではないけれど、それでも３６５日、朝晩となるとばかにできない……そうそう、まだあった。買いに行く時間も手間も省ける。いいことずくめじゃないの！

不安になったときは、本を読み返した。そして言い聞かせた――わたしは間違った方向に進んではいない。

シワってそんなにこわい？

シワ、シミ、たるみ——わたしたち女にとって招かざる客の3点セットである。どれもこれもお引き取りを願いたいがそうもいかない。

なかでもシワは「シワくちゃ」「シワだらけ」などと老いの代名詞のように言われる。だけど、ほんとうにそうだろうか？　シワがあっても若々しい人は若々しいし、つるりんとしていても老けている人は老けている。

シャーリー・マクレーンは言っている。

「シワっていいな。わたしの勲章。だって、わたしが生きてきたってことじゃない」

わたしたちはシワに神経質になりすぎているのではないだろうか。

ひとこと

不安はあるが、とにかくやってみよう。なんといってもラクだもの。

医師のアドバイス

これまで使用していたスキンケア化粧品をやめると、多くの方がつっぱり感やかさつきを自覚すると思います。それが本来の肌状態であり、いかに化粧品でカモフラージュされていたかを、実感されるはずです。しばらくは我慢が必要ですが、肌自体の再生能力が働くことで次第に症状は治まっていきます。実際の診療においても、多くの方がスキンケアをやめることによって肌が改善しています。

3月

ひげフェイス

2週間ほどすると、ますます皮のむけ方がひどくなってきた。顔中にひげのような白いものがくっついている。よく見ると皮だ。とくに下唇のまわりからあごにかけてひどく、むけた皮がひげのようにぶら下がっている。まるであごひげ。さすがにあわてた。

いいんだろうか、これで。あらためて本を読み返して愕然とする。「何ひとつつけないでよい」とはどこにも書いていなかった。要するに、以前の記憶を参考に、わたしが「ははん。ということは、何もつけないでよいはず」と解釈したにすぎない。それが間違いだとは思わないが（そして、ぜひそうあってほしいが）、この「ひげ」状態を見ると、やはり気持ちが揺れてしまう。

しかもひどいのはこのひげフェイスだけではない。つっぱり感もあいかわらずなのだ。このまま、かさかさの肌になったらどうしよう？　シワだらけになったら？

心配でたまらなくなる……。

3月8日　北里研究所病院の予約

とにかく何か手を打たねばと不安になり、肌を診断してもらえるところをネットで検索した。すると北里研究所病院美容医学センターに、人間ドックならぬ美容ドックがあるのを見つけた。

この美容ドックには記憶があった。ずっと前に新聞に紹介されていたのだ。そのとき、やはりスキンケアはよくないのかも、と思って新聞記事を切り抜いたような気がする。

もしや、と書類ケースの引き出しをひっかきまわす。ここに、手当たり次第切り抜きを放りこんであるのだ。すると……おお、あったではないか、黄色く変色した記事が（43ページ参照。２００3年4月21日『朝日新聞』。ものぐさだと、こういういいこともある。でなければ、とっくに処分していたと思うからだ）。

その記事によると、美容ドックを受けた２２７人中46パーセントにあたる１０５人は、老化が進み、肌理（キメ）がすっかり消えていたという。30代で表皮の細胞が干からびている人もいるいっぽう、驚くほどキメがきれいなお年寄りもいるとあった。

キメとは、肌表面に見える細かい網目状の溝のことで、三角形がくっきりと揃っている状態が理想的だ。肌の新陳代謝がスムーズであればあるほど、キメが深く、またふっくらともりあがっている。

とにかく、診てもらおう、それでもし、やはり何かつけたほうがいいと言われたら、そうしよう。しかたない。そう思って電話すると、美容ドックは6月まで予約が取れないとのこと。おおいに焦る。

「あのう、顔中粉が吹いて惨憺たる状態なんです。なんとか……」と食い下がると「通常の診察でよければもっと早いですから、予定を見てみましょう」との返事にほっとする。

たまたまそのときキャンセルが入り、翌日なら予約が取れるとのことで、さっそく翌9日に美容医学センターに駆けつけた。

3月9日　第1回肌診断——死ぬまでもてば？

まず問診がある。現在の状況、つまり2月15日から何もつけていないことを記す。診察の前に洗顔法の指導があった。純石けんを使って泡で洗うようにとのこと。こすってはいけない。

純石けんというのは、名前の通り純粋な石けん。つまり脂肪酸ナトリウムや脂肪酸カリウムだけで、添加物を一切含まない石けんを指す。こすらず、泡でそっと洗う方法は、雑誌やテレビでも推奨していたので実行していたが、純石けんを使ったのは初めてだ。

さて、診察が始まった。担当は矢沢慶史医師（現在は他病院に勤務）。わたしの顔を見たときは「あ、（意外に）きれいじゃないですか……」という表情だった（ような気がする）。

さて、肌診断をすることになった。マイクロスコープを使って肌を拡大し、パソコンの画像でキメを見る。

第一声。

「うわあ。傷んでますねえ……」

見かけとはまるで違う、そんなニュアンスだった。パソコンの画面に映された頬の画像を見ると、

朝日新聞　2003年（平成15年）4月21日　月曜日　13版　東京　科学・医療　28

肌の老化を調べてみました

元気

選挙報道のため、次回の「元気」は29日（火曜）朝刊に掲載します。

保湿能力高めて若さ維持

目尻の小じわやほおの肌荒れを「年だから」とあきらめていませんか。洗顔法などを工夫すれば、80歳になってもふんわり輝く肌を保てるそうです。40歳にあと半年の私がその秘密を探りました。（中村通子）

北里研究所病院美容医学センター（東京都港区）は、4年前に美容ドック（1回3万5千円）を開いた。肌を定期的にチェックする、人間ドックの美容版だ。

しわやたるみの計測など十数項目ある検査のうち、宇津木龍一センター長は「肌のきめ」を最も重視している。

健康な若い肌では、表面の細かな溝が網目状に広がっている。この網目が肌のきめ。きめが均一に整った肌は、光を乱反射するため、ふんわりつややかに見える。きめのない肌はテカリ感があり、赤ら顔になりやすい。

▼

年をとるにつれて、きめは粗く、荒くなる。美容ドック利用者227人のうち46％にあたる105人は初診時、老化が進み、きめがすっかり消えていた。30代で表皮の細胞がひからびている人もいた。

対照的に、驚くほどきめがきれいなお年寄りもいる。「80歳でも、年齢相応のきめは保てます」と宇津木さん。

この差は、どこから来るのだろうか。

「きめが粗くなるのは、ほとんどの場合、洗いすぎが原因。肌が乾燥するのです」。国立病院九州医療センター皮膚科の今山修平医長は強調する。乾燥は、きめの大敵だ。

表皮には、肌を乾燥から守る細胞間脂質という天然の保湿成分がある。化粧や皮脂を完全に落とそうとしてクレンジング剤や洗顔剤を使うと、この大切な保湿成分もすっかり抜け落ちてしまうのだ。

洗顔後、肌が突っ張る感じがしたら、細胞間脂質が抜け落ちた証拠だ。クリームや乳液では、失われた細胞間脂質は補えない。

今山さんによると、普通の汚れは、水かぬるま湯で丁寧に洗えば落ちる。「化粧落としに神経質になりすぎない。少々残ってもいいや、ぐらいの方が、肌に優しいのです」

粒々入りの洗顔剤やナイロンタオルなどで強くこするのもよくない。きめをつぶすうえ、色素沈着が起き、シミやくすみにもつながる。

▼

私の肌を宇津木さんに診てもらった＝写真上、日野康夫撮影。50倍に拡大するスコープで両ほおの一番高いところを観察し、老化度チャート＝同下＝と比較する。

左ほおは老化度0で年齢相応だった。しかし、右はきめが崩れていて老化度1。「80代の肌ですね」

なぜこんなに違うのか。

宇津木さんと話しているうちに、はたと気付いた。私には右側を下にして横向きに寝る癖がある。右のほおが枕カバーでこすられているのだ。

左右のほおに共通していたのは、毛穴の周辺がうっすらと茶色になっていた点。「色素沈着ですね。こすりすぎの証拠です。産毛をなでるように軽く洗いましょう。枕カバーも、絹など柔らかい材質に代えた方がいいですね」

老化を防ぐこつを、宇津木さんと今山さんに教えてもらった＝メモ。2週間ぐらいで化粧のノリが変わり始め、半年から1年できめがよみがえるという。

今月1日、肌だけでなく、体全体の若々しさを医学的に解明する日本抗加齢医学会が発足した。その一員の宮崎孝夫さんが院長を務める宮崎クリニック（和歌山市）には、しわやたるみを取る手術や治療を希望する患者が年に150人くる。うち2、3割は、洗顔法や化粧法を変えるだけでかなり改善できるという。

小じわを目立たなくするには、肌表面の水分保持能力を高める化粧品を勧める。「来週、同窓会なんです」と駆け込んでくる人には、持って6〜8時間の間、しわをぴんと伸ばす化粧品を紹介する。

「たるんだ皮膚を切る手術は、健康な肌を傷つける行為。体に優しい方法を試してからでも遅くありません」

肌の老化度診断（北里研究所病院 宇津木龍一さんによる）

ほおの高い所でチェック

老化度0　網目状の細かな溝が均一に広がる

老化度1　細かな溝は網目状だが浅い

老化度2　溝が一方向になっている

老化度3　溝がすっかり消えている

きめを保つには

・洗顔はぬるま湯を使う。熱い湯は保湿成分が抜けやすい。

・固形せっけんを十分泡立てて洗う。界面活性剤入りの洗顔料は使わない。

・化粧は、せっけんかオイルで落とす。リキッドファンデーションなど、落としにくい化粧品は使わない。化粧落とし用クリームには界面活性剤入りが多い。

・こすり洗いは厳禁。

定期的な観察を

日常的に見ていると、洗顔法や化粧品を代えた時、肌に合っているかどうか判断しやすい。パソコンに接続できる家庭用キット（24800円）が手軽。マイクロスコープ専門メーカー、スカラ社（http://www.scalar.co.jp）が2年前から売り始め、国内とアジア、米国で2万台を販売した。

▲朝日新聞の記事

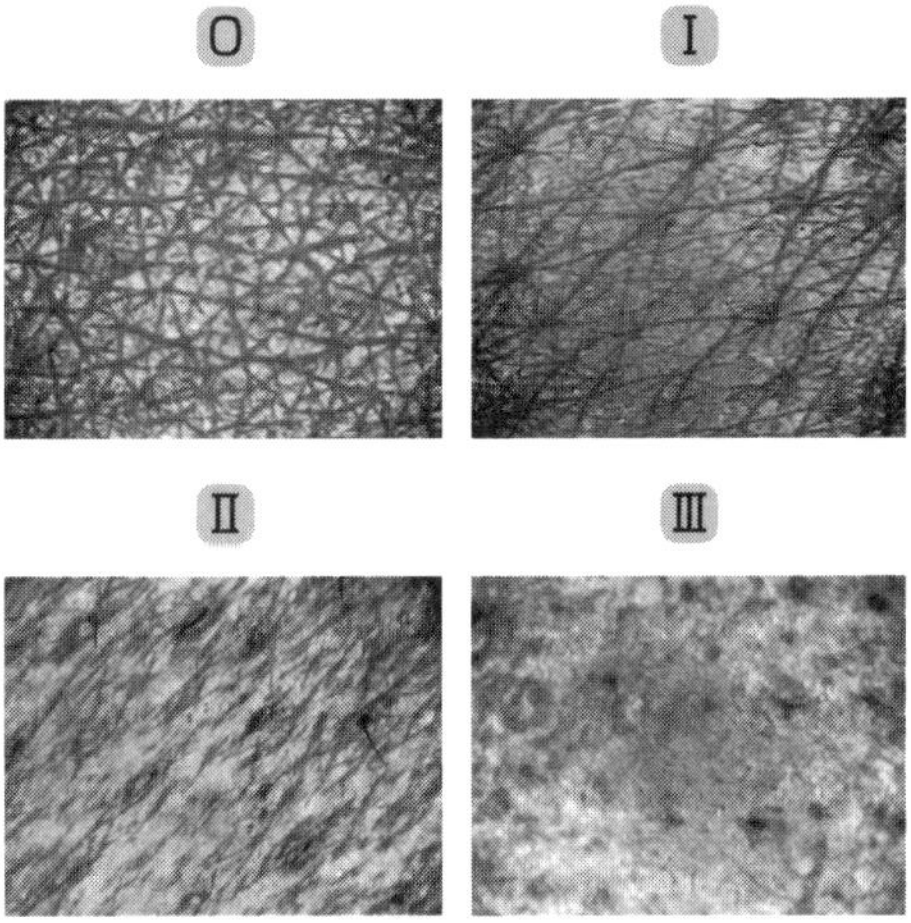

皮膚のキメの４段階▶
０が理想的な状態。Ⅰ～Ⅲの順に悪くなり、Ⅲが最も悪い。

なるほどキメがまったくない。43ページにあるⅢの段階だ。擦り切れたタイヤとでもいったらいいだろうか。

わたしは目を疑った。

「あのう……自分で言うのもなんですが、わたし、まわりからよく肌がきれいだと言われてたんですけど……」

スキンケアをしていたときは、肌のトラブルどころか、毎朝顔を洗う際、すべすべで手がつるりとすべっていた。何もつけなくなって3週間ほどたった今、顔を洗うと、ざらりとする……。

すると、矢沢医師は、にべもなく言った。

「それはね、前の晩つけたクリームや美容液が肌にのっかってるからですよ」

そして、パソコンの画面を指さした。

「ほんとうの肌はこれです」

それを聞きながら、わたしはひそかに思った。そうか、わたしの肌がきれいだというのは化粧品のマジックで、ほんとうは、ボロボロだったんだ。でも、医療用のマイクロスコープで見なければわからないなら、見た限りではきれいに見えるんなら、元のままでもいいんじゃないんだろうか。

この画面で見る限り、たしかにわたしの肌はひどい。でも、見ただけでは誰にもわからないじゃない、誰にも。老化するのは自然の理《ことわり》だからしかたないし。要するに、死ぬまでもちゃいいんだもの。

「死ぬまでもてば……」にひそかに傾きかけたわたしの心をまるで見透かしたように、矢沢医師は言った。

「化粧品のおかげできれいに見えても、その下で肌の老化が進みます。けっきょくそれがシワやたるみになるんですよ」

うーん。やっぱりそういうことか……。

「今65歳ですが、わたしの肌年齢ってどれくらいでしょうか」

「この画像だけで、それを言うのはなかなか難しいのですが、実年齢よりずっと上だということはたしかです」

次にマイクロスコープであごの下を見せてもらう。とてもきれいなのに驚いた。キメが整然と揃っている。化粧品や紫外線の影響を受けにくいからで、これが本来のわたしの肌なのだそうだ。それにしても何もつけなくってほんとうにいいんだろうか。現に最初に読んだ本では、最小限のケア、とくに美容液は必要だと言っていたし……。

「何冊か本を読みましたが、ある程度は化粧品をつけたほうがいいと言うお医者さんもいるんですね」

「そうですね。でも、当院ではあくまでも何もつけない方針です。かさつきがひどいときには、薄くワセリンを塗れば充分です。まったく副作用のない保湿剤は白色ワセリンをおいてほかにありません。それから、ふつうの生活では、日焼け止めもいりません。帽子や日傘、長袖などでカバーすればいいんです」

そうか。どんな分野でも、専門家の間で意見が分かれることは珍しくない。でも、よく考えたうえで北里研究所病院を選んだ以上、とにかくここの方針に従ってみよう。そう決心して診察室をあとにした。

ワセリンを処方され、帰りに病院の薬局でおすすめの純石けんを買った。なんと1個189円。ワセリンは300円。あまりの安さに拍子抜けした。

次の診察は4月16日。期間を短めにした。やはり心配だったからだ。

今思うと残念なのは、マイクロスコープ診断をしただけで、コンピューターによる肌の測定をしなかったこと。でも、このときには、そんな手段があることもよく知らなかったし、こうして本にすることなど夢にも思っていなかったのだから、しかたないか。

ワセリン万歳！

スキンケアをしていたころ、そもそもこの世にワセリンなるものがあることすら知らなかった。

薬局で買える。「日本薬局方の白色ワセリン」と言えばいい。「日本薬局方の」と指定するわけは、他のワセリンには添加物が入っている可能性があるから。「白色ワセリン」と指定するわけは、ワセリンには黄色ワセリンというのもあり、白色ワセリンのほうが純度が高く、安全性も高いからだ。

わたしが今使っているのは、５００グラムで８５６円（50グラムではない、５００グラムの値段だ。念のため）。

さて、ここでワセリンについて説明しよう。

日本薬局方によれば、白色ワセリンとは、「石油から得た炭化水素類の混合物を脱色して精製したもの」となっている。

「え？ 石油から？ じゃあケミカルじゃない。天然のもののほうが安全では？」と、あなたは思ったかもしれない（いや、わたしも思っていた）。石油＝ケミカルの思い込みは強い。

答は「ノー」。そもそも、人体に使っているもので天然由来でないものはない。天然の物質を「化学的に」抽出し、精製しているのだ。ワセリンの原料である石油は、「天然に産する炭化水素を主成分とする可燃性物質の総称（ブリタニカ百科事典）」である。

ワセリンには、きわめて酸化しにくいというすばらしい特性がある。したがって肌を傷めないので、石けんで落とす必要もない。

オリーブオイル、ホホバオイル、馬油などは、界面活性剤を含まないという点でクリームよりはいいが、時間がたつと酸化するので肌には負担になる。

ワセリンは伸びが悪いので、そのままつけずに両手に薄く伸ばしてそっと押さえるようにすると、ムラなくつくし、つけすぎも防げる。

とはいえ、ワセリンといえどもあくまでもお助けグッズであり、つけないですむならそれに越したことはないのをお忘れなく。

おすすめのワセリンの用法

(1)唇に
口紅で唇が荒れる人はけっこういるらしい。口紅の成分が肌によくないことは、かなりよく知られている。たとえば、タール系色素、なかでも赤色２０２号は、口紅のほとんどで使われているが、皮膚炎のおそれがある。もちろん、界面活性剤と酸化防止剤もたっぷり。

薄くワセリンを塗っておけば、口紅がじかに触れないので安心だ。唇が荒れるからと、リップクリームなどつけないこと！

ところで、最近口紅が滲むようになって閉口していたが、あるときふと思った。そうだ、ワセリンを塗ってみよう。唇に膜ができて滲まないかも。なんとこれが大当たり。

なお、塗るときには縦に。唇の組織は縦になっているので、しっかり塗れるからだ。

a　下地代わり（荒れを防ぐ）
b　滲み防止
c　グロス代わり
⑵ハンドクリーム代わりに
⑶かかとに
お風呂で軽石でこすったあと、かかとにつけてラップで湿布する。5分で充分。驚くほどしっとりする。思えば、かかとのかさつきのために、これまでなんといろんなものを買ったことだろう。スクラブ。やすり。かかと保護ソックス。かかと用クリーム。なんのことはない、ワセリンでよかったのだ。
⑷メイク用化粧品の下地に
メイクするときには、まずワセリンを薄く塗る。そうすれば、あとから顔にのせる有害成分、界面活性剤だろうと合成ポリマーだろうと、タール色素だろうと、ワセリンがベールの働きをするため、肌への負担が少なくなる。
⑸かさついたときの応急処置に
顔全体につけるときは、ワセリンを手のひらに伸ばしてそっと押さえるだけにする。いつの場合も「こすらない」ことがだいじだ。

(6) かゆみ防止に

冬になるとかゆみが出て市販のクリームをつけていた友人も、あるときわたしの薦めでワセリンを塗ったところ、すんなり治まったという。

何もつけない暮らしは、わたしにぴったり。ほんとにラクで、ウソみたい。ひたすらうれしい。

ひとこと

ほっとひと安心。皮がむけてもこのまま続けよう。

医師のアドバイス

ワセリンは、皮膚への保護作用により内部の水分が蒸散するのを防いだり、肌に対する外界からの影響を軽減する効果が期待できます。他のオイルと違って酸化しにくいのがメリットですが、肌本来の機能を回復させるためにも、なるべく頼らないことが重要です。

4月

驚くような変化が……！

日差しがすっかり明るくなった。いつものように起きてすぐ鏡を見る。

うわ！　あいかわらず皮がむけている。鼻のまわりや口のまわりがとくにひどい。

朝、顔を洗うときのあのつるつる感もまったくなくなった。

鏡を見ながら、「死ぬまでもてば……」のフレーズがまたしてもしつこく頭をもたげる。

でも、とにかくあとひと月、いやもう少しやってみると決めた以上、このままいくことにしよう。

そのとき、ふとほうれい線に目が留まった。

ほうれい線が浅くなっている！　思えば今まで皮むけと頬のかさつきばかりに注目していて、しょっちゅう鏡を見ていながら、まともに顔全体を眺めていなかった。間違いない。ほうれい線がこんなに目立たなかったことはこの数年なかった。

もうひとつ驚いたことがある。顔中粉が吹いており、皮がむけているのに、何となく肌に元気があるのだ。なんだかとてもふしぎなものを見る気分。

なにしろわからないことばかりなので、何か情報が得られないかと、パソコンで検索してみた。

驚いた！　まあ、あることあること。

その中に「秘密の化粧品（現在は『秘密の皮膚科学』に改称）」というサイトがあった。ここでは徹底的に「何もつけない」ことを推奨しており、メルマガを発行している模様。なんと２００４年の創刊とある。そんなに前からあったとは……。

で、早速創刊号を読んでみた。

▼一番のお手入れ法は「なにもしないこと」⁉
肌に突っ張りを感じたら、すぐさま化粧水を手に……取りたいところですが、ここでちょっと我慢をしてみてください。何もつけずに、１時間放っておいてみてください。

勇気の要ることかもしれません。でも、我慢、がまん……。

１時間経過。

そっと頬に触れてみてください。想像以上に、肌に潤いが戻っていることを実感できるはずです。

皮脂膜は自力で再生します。


ふーむ。北里病院で聞いてきたことと基本的なところで一致している。

大丈夫、あなたの肌は賢い①

乾燥について

ところで、肌に関して誰もがいちばん怖れるのは「乾燥」だろう。だから「保湿」が大事なのよ。そうあなたは言うかもしれない。

大丈夫、あなたの肌は賢い。

陸に棲む動物にとって「乾燥」は大敵である。オタマジャクシだってカエルになって陸に上がるときに、それまで水中にいたときにはなかった角層を準備してくる。こうして水分の蒸発を防いでいるのだ。

カエルでさえこうなのだ。いわんや「万物の霊長」であるわたしたち人間の肌には、奇跡的な能力が備わっている。水分を逃がさない、つまり乾燥を防ぐだけでなく、外界からの異物の侵入も防ぐ力だ。これを「肌のバリア機能」という。

これからお話しするのは、スキンケアをまっこうから否定する「4大トピックス」ともいうものである。実際にはこの時期にすべて知っていたのではなく、その後だんだんとわかってきたのだが、ここでひとまずまとめてお知らせしておきたい。

ただしこれらは、あくまでも「肌が健康で、バリア機能がきちんと働いていること」が前提であ

る。あてはまらないとしたら、それはあなたが「スキンケアをしているから」だ。

1 肌には何もしみこまない
2 何もつけなくても肌は自力で保湿する
3 空気が乾燥しても肌は乾燥しない
4 年を取っても肌の水分量も皮脂量も減らない

1 肌には何もしみこまない——肌のバリア機能と新陳代謝（ターンオーバー）

動物は口と鼻からしか、ものを取り入れることができない仕組みになっている。したがって皮膚からは本来何も入れることはできない。皮膚は外界に対するバリアの役目を果たしており、体内の水分の蒸発を防ぎ、有害物質や病原菌の侵入も防いでいる。

人間の身体のおよそ70パーセントは水分だが、その水分を保つことができるのも、水を通さない膜（角層）が全身を覆っているからだ。そうやって皮膚はわたしたちの身体を守っている。

お風呂に入ったり海で泳いだりできるのも、このバリア機能があるためだ。でなかったら、お湯や海水が体内に入ってきてしまうことになる。

肌の断面図

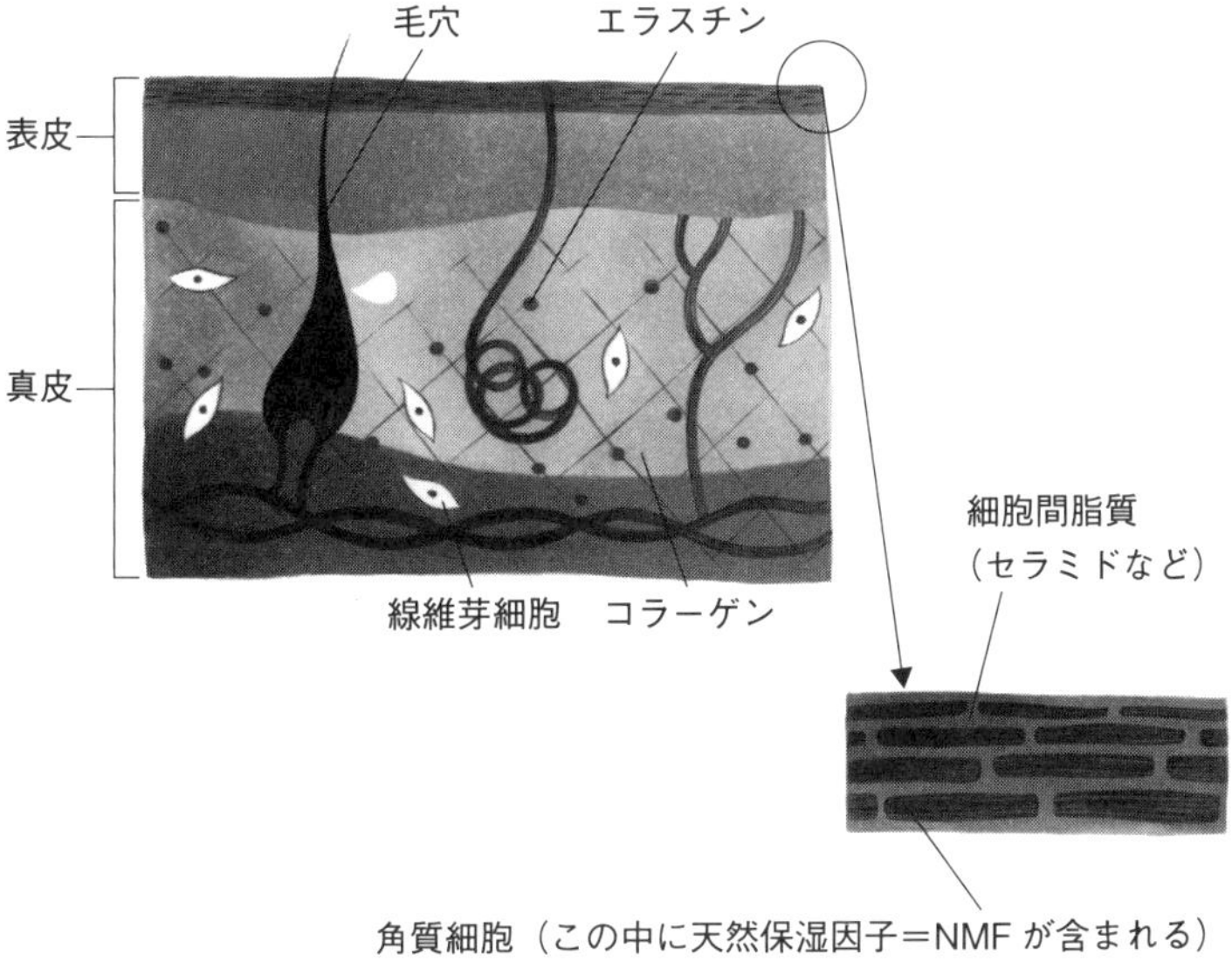

肌のターンオーバーのしくみ

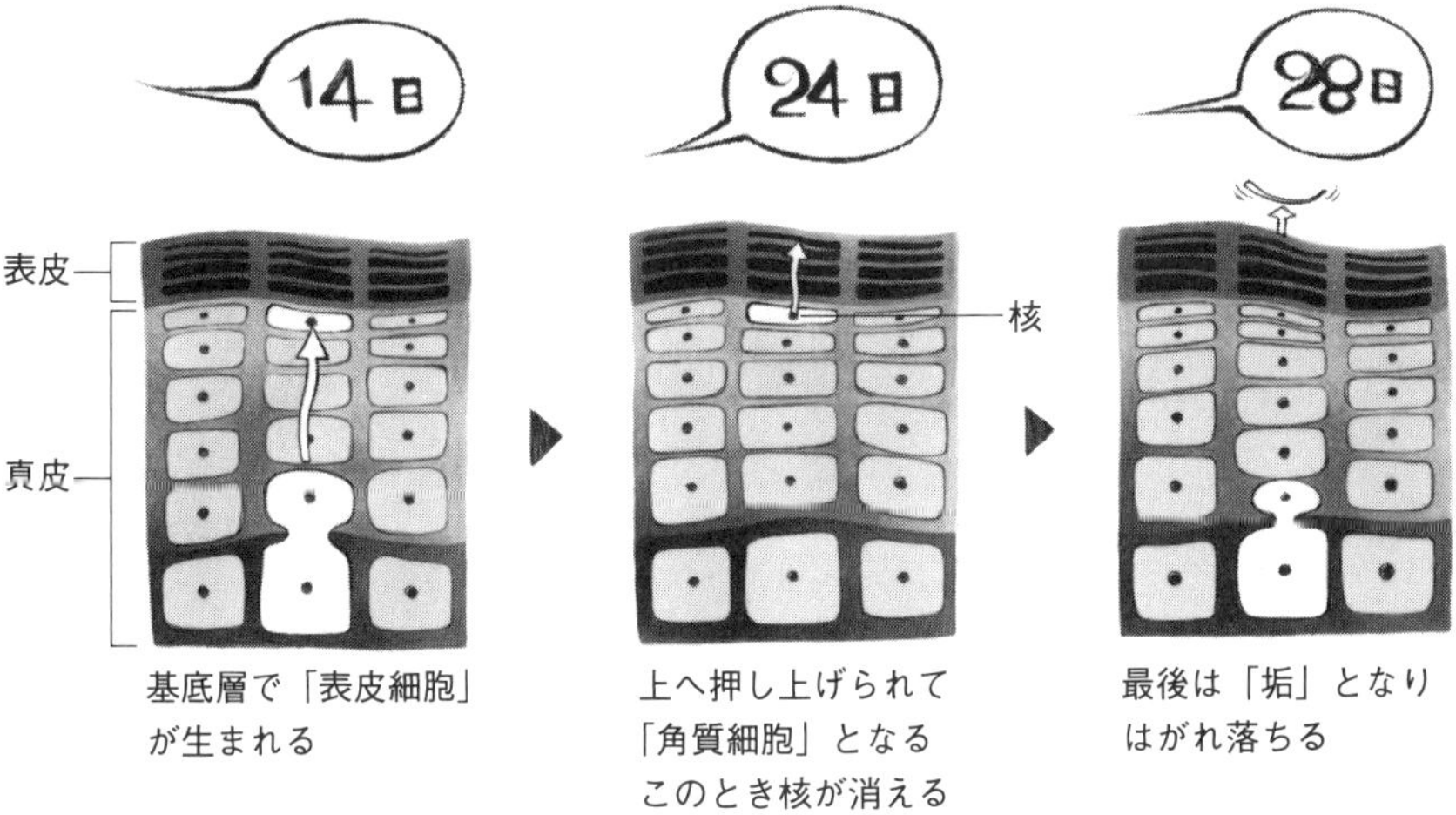

角層（角質層）は、たった０・０２ミリほどの厚さしかないが、同じ厚さのポリエチレンほどの防水性があり、きわめてすぐれたバリア機能がある。表皮細胞は新陳代謝によってたえず表面へと押し上げられ、角質細胞になって角層を形成する。皮膚の表面に達した角質細胞は垢になってはげ落ちる。これがいわゆる新陳代謝で、その周期はおよそ４週間。だが年を取るにしたがって周期が長くなる。

このように堅固なバリア機能によって肌には何もしみこまない。ということは、今流行のコラーゲンも塗ってもダメだということだ。

ならば飲めばいい？　いや。これもダメ。コラーゲンはアミノ酸になって腸で吸収されてしまうからだ。

それにしても……わたしは思った。お風呂に入ってもお湯が身体の中に入ってこないことを考えれば、肌に何もしみこまないことぐらい、すぐにわかるはずなのに。どうして気がつかなかったのだろう。

が、ことはそうかんたんではないようだ。肌のバリア機能について話すと、誰もがひどく驚く。そして、いろいろな反応を示した。

「つけると実際にしみこんでいく感じあるけどな」

「うーん、たしかに。でも、化粧品は特別に肌に浸透するように作られてるって思ってた」

じつはこれはまったくの間違いではない。バリア機能の働きでしみこまないということはすなわち、バリア機能を破壊すればしみこむことになるからだ。

肌にしみこむとしたら――バリア機能を破壊するふたつの方法

(1)医療行為

治療するためには薬品をしみこませる必要がある。そのために薬品を使って一時的にバリア機能を破壊する（だが、ふつう24時間もすればほぼ元に戻る）。

(2)スキンケア

さて、もうひとつバリア機能を破壊するものがある。それがスキンケアだ。

化粧品に含まれる界面活性剤は、せっかくのこのバリア機能を破壊して浸透し、肌を乾燥させ老化させてしまう。皮肉なことだが、そういう意味では、「お肌にしみこむ」といえるのだ。

誰でも知っているように、水と油は混ざらない。だが界面活性剤を使えば分離しなくなる。そのため、界面活性剤は乳化剤とも言われ、乳液やクリーム、洗剤を作るうえで欠かせない成分だ。

だが、界面活性剤は、

(1)天然保湿因子や細胞間脂質を溶かしてしまい、バリア機能を破壊する

(2)病原菌やカビを防いでくれる皮膚常在菌（１１６ページ参照）を追いだす

(3)防腐剤やタール色素など、ほかの有害な化学物質も一緒に浸透させてしまう

その結果、肌はどうなるか。

(1)乾燥する
(2)かぶれや炎症が起きる
(3)病原菌が侵入しやすくなる

一般的にいうと、とろりとして肌なじみのよいもののほうが肌に悪い。水分が多ければ多いほど、強力な防腐剤や界面活性剤が必要になるからだ。

つまり、乳液とクリームなら乳液。ファンデーションなら、パウダー、クリーム、リキッドの順に肌への害が大きくなる。

2　何もつけなくても肌は自力で保湿する

天然の保湿剤——細胞間脂質と天然保湿因子

表皮細胞が死んで角質細胞になるとき、中身の一部(細胞間脂質という)が外に押しだされて、

肌へのダメージ→大
界面活性剤→多
防腐剤→多

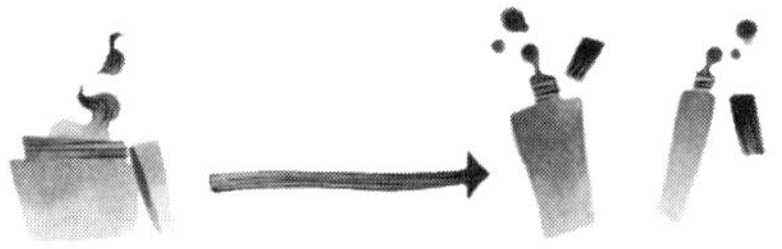

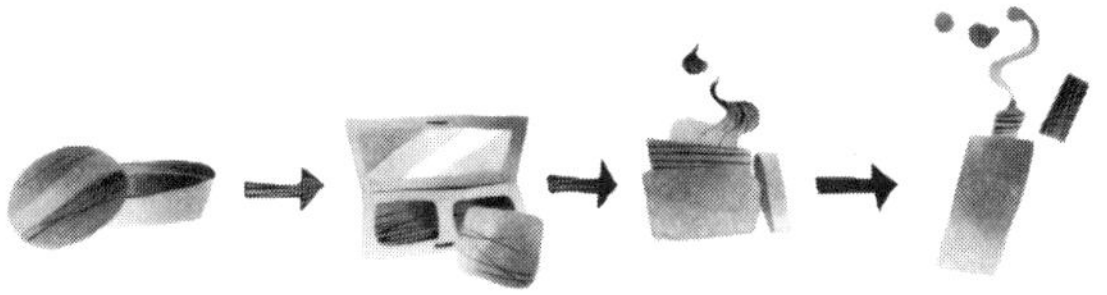

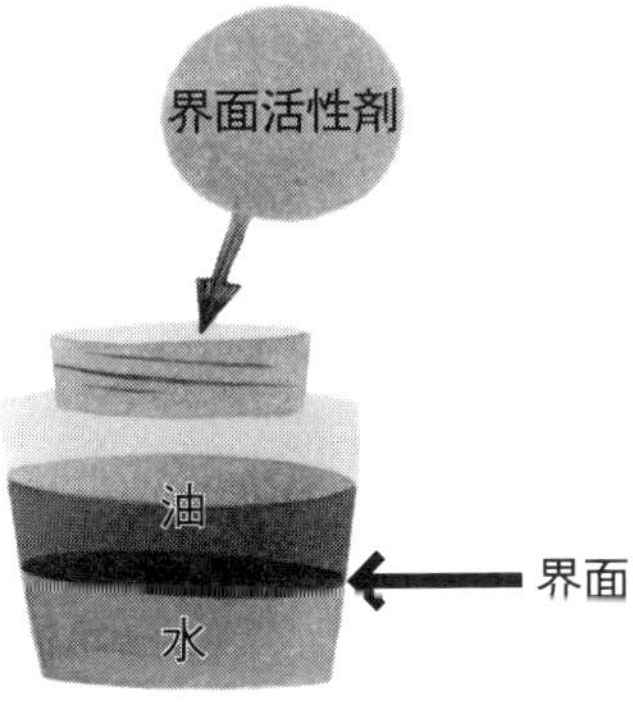

水と油は混じりあわないが、界面活性剤を使うとこの２つは混ざりあい、乳液やクリームができる。

界面活性剤は、細胞間脂質を溶かして肌の持つバリア機能を簡単に壊してしまう。

死んだ細胞の隙間を埋める。角層はこの細胞間脂質と角質細胞とでできており、角質細胞内には天然保湿因子（ＮＭＦ）と呼ばれる水分を保つ成分がある。

角層は、ちょうどレンガ（角質細胞）をモルタル（細胞間脂質）を使って積み上げたような形をしており、外からの異物の侵入を防ぎ、内部の水分を逃がさない力がある。

この細胞間脂質と天然保湿因子こそは、肌自身が作りだす主要な保湿成分であり、バリア機能の主戦力である。これらを人工的に作りだすことはできない。細胞間脂質の主成分はセラミド、天然保湿因子の主成分はアミノ酸だ（55ページ参照）。

いちばん外側には皮脂と汗で作られた皮脂膜があり、水をはじく働きをしている。皮脂膜は洗顔すると洗い流されるが、その後何もつけないでいれば30分ほどで自然に分泌される。

3　空気が乾燥しても肌は乾燥しない

ただし、「肌が健康で、バリア機能がきちんと働いていれば」の話だ。

信じられないかもしれないが――肌がかさつくのは、湿度が低い、つまり空気が乾燥することが直接の原因ではない（ただし、直接の原因になる場合もある。それについては後述）。

かさつく最大の原因は、スキンケアなのだ。

スキンケアをしている肌は、水分を逃がさないという本来の働き〈バリア機能〉が弱っている。そのときにまわりの空気が乾燥していればかさつくのは当然だ。だから、空気が乾燥すると多くの女性は肌が乾燥する。

「でも、スキンケアをしていない男性でも『冬はかさつく』って言うことあるけどな」と思ったあなた。バリア機能が衰える原因は、スキンケアだけではない。ストレスや睡眠不足もむろんそのひとつだが、重要なのは寒さだ。

人間には環境が変化しても身体の状態をある一定の範囲に保とうとする働きがある。これを〈ホメオスタシス（恒常性）〉という。代表的なものは体温や血圧を一定に保つ働きだ。気温が下がっても体温が下がらないのはこのおかげだ。

肌に栄養を運んでいるのは毛細血管だが、気温が高いと体温を下げようとして毛細血管が広がって、血行がよくなる。その結果、肌に栄養がいきわたり、バリア機能が高くなる。だから夏はかさつきにくいのだ。

寒くなるとこの反対のことが起きる。体温が下がるのを防ごうとして毛細血管は収縮し、その結果血行が悪くなる。したがって肌に栄養がいかなくなり、バリア機能は低くなる。これは健康な肌でもおきる。

〈8月にラオスに行ったとき、肌がつるつるになっていた。それを、一瞬にせよ「今は雨期で湿度が高いからだ」と思った自分に愕然とした。ことほどさように刷り込み・思い込みの力は絶大だということ。

くどいようだが、それが実感と一致すること、これこそが思い込みがちっともなくならない最大の理由だ。本人がこのていたらくだもの、人に理解してもらうのは容易ではない、そう思ってがっくりしてしまった）

空気の乾燥と肌の乾燥が直接関係するときとは……

とはいえ、空気の乾燥が直接肌の乾燥に関係する場合もある。それは湿度の急激な差によるものだ。たとえば加湿された暖かい室内からいきなり寒く乾いた戸外の空気にさらされたときなどは肌がかさつく。急激な変化にバリア機能が追いつかないからだ。

この点に関しては、夏でも同じことが言える。つまり、エアコンの効いた湿度の低いオフィスからいきなり湿度の高い戸外に出たようなときだ。ただ、夏はもともと冬より気温が高く、肌がかさつきにくいからトラブルは少ない。

そうそう、後述する『ためしてガッテン』（２０１０年11月３日放送）で、この点についても触れていた。

ネズミAを通常の湿度（40〜70パーセント）の部屋に、Bを80パーセントの部屋に入れておき、

2週間そのままにしておく。それからABの2匹を湿度10パーセントの部屋に移すと、加湿された部屋にいたBのネズミの肌はたった1日で乾燥してしまったという。

つまり、急激な湿度差がマイナスになったのだ。この例でわかるように、部屋を加湿しすぎないようにすることが大事で、喉の保護やインフルエンザ予防にぎりぎり役に立つ40〜60パーセントにおさえるようにと言っていた。

また、春先や初秋は、暖かいという点では冬より条件がよいのだが、一日の、さらに毎日の気温差が大きいために、やはりバリア機能が低くなりがちだ。季節の変わり目に肌荒れが起きやすいのはそのためだ。

くどいのを承知でくりかえすが、スキンケアのために肌のバリア機能が壊れていれば、空気の乾燥がじかに影響する。壊れた部分からどんどん水分が蒸発するので、肌はつっぱってぱりぱりしてしまう。決して化粧品による保湿が足りないからではない。

また、たとえ健康な肌でも、寒さや睡眠不足や過労、ストレスなどのために一時的にバリア機能が低下することがある。こういうときにはバリア機能が回復するまでの間、応急処置として薄くワセリンをつければいい（追記・わたしの場合、あまり人に会わないことや、かゆいとかひりひりするとかの自覚症状がなかったので、冬になってかさついても放っておいたが、2011年2月の測定でわかるように、まったく影響はなかった）。

このように、気候や気温と肌のバリア機能はきわめて密接な関係にある。

だから、気温が下がったら身体を温めれば、バリア機能への影響も少なくなる。昔の人はよく「身体を冷やさないように」と言ったが、これはやはり先人の知恵なのだとつくづく思う。同時に、若いころから伊達の薄着だった自分を反省した。

それから、言うまでもないが、肌にとって大事なのは「睡眠、栄養、運動」の3点セット……と書きながら、わが身を省みて思わず手が止まってしまう。あいかわらずの夜更かし、不規則な食生活、運動不足の毎日だからだ。変わったのは冬に暖かな服装をするようにしたことだけ。

でも、考えようによってはこれ、朗報じゃないの？　だって、肌にとってきわめて悪い生活をしているのに、スキンケアをやめただけでここまで肌が回復したんだから――そう思い直す、いや、開き直ることにした。

4　年を取っても肌の水分量も皮脂量も減らない

年を取っても水分量は減らない。あとでくわしく説明するが、これは先ほどの『ためしてガッテン』でも証明されている。なんと23歳と40歳の女性たちより、89歳の女性の水分量のほうが多かったのだ。だが、水分量だけではない。じつは皮脂量も減らないという研究報告もある。（注5）

くりかえすが、むろんこれも「肌が健康でバリア機能がきちんと働いていれば」の話だ。

スキンケアをやめてからいろいろ調べた結果、意外なこと、びっくりすることばかりだった。だが、そのなかでもこれ、「年を取っても水分量も皮脂量も減らない」は超弩級の驚きだった。だから、こう聞かされてもにわかには信じられない気持ちはよくわかる。

ネットでも雑誌でも新聞でも「加齢によって肌の水分や皮脂は減る。だから年を取るとかさつきやかゆみが出る」と、ごくふつうに記されている。

だが、早い年齢からスキンケアする人が増えた結果、かさつきに悩む若い人が急増している事実を忘れてはいけない。そしてまた、女性の場合、スキンケアをしている人が大半だから、年を取ればその分だけダメージも多いといってよい。

だから、実際には、年を取った人のほうが水分や皮脂が少ないということは充分に考えられる。ただし、あとで述べるように肌の弾力性（ハリ）は年を取ると失われる。

ひとつお断りしておきたいのだが、ここで言っているのは、「肌の水分や皮脂の量が減るのは加齢が原因ではない」ということであって、実際の見た目も同じだといっているのではない。シワ、シミ、たるみは、年を取った人のほうが若い人より多い（あたりまえか）。

さて、年を取るとシワ、シミ、たるみが多くなるわけは、

⑴化粧品

中高年女性の90パーセント以上は、なんらかのスキンケアをしてきたはずだ。当然ながら、スキンケア歴は年を取っている人のほうが長い。したがって、化粧品のダメージも多くなる――ただし、高齢の女性の場合は少し事情が違うかもしれない。今の中高年女性ほどスキンケアをしてきていないからだ。老人ホームなどで、ほとんどスキンケアをしてこなかった高齢者のなかに、（シワやたるみはあっても）肌のきれいな女性たちが少なくないという話を聞いたことのある人も多いだろう。

⑵光老化

すでにご存じのように、主に紫外線の害のこと。年を取れば、その分ダメージも大きくなるのは当然だ。

ところで、この⑴と⑵は、後天的なものだ。その証拠にスキンケアもせず、光も浴びないお尻の肌は、若い人も年取った人もそう変わらない。いいかえれば、肌が老化している箇所とは、化粧品をつけているところと、日光を浴びているところなのだ。

⑶生物としての老化

肌の弾力やハリは、真皮層のコラーゲン組織とエラスチンによって保たれている（55ページ参照）。このふたつは皮下組織にある脂肪をも支えている。つまり、表皮と皮下組織を真ん中の真皮層が支えていることになるのだ。

ところが、加齢とともに真皮層の組織が衰え始め、50歳を過ぎるとコラーゲンはほとんど生成されなくなる。したがって、年を取ると衰えるのは弾力性、つまりハリだ。当然ながら、たるみやシワが増える。しかしキメの細かさ、つまり肌そのものの美しさは年とは関係ない。

肌の衰える原因のなかでこのような純粋な老化によるものは、20パーセントくらいだといわれる。そのほか、栄養、睡眠、運動といった生活の質が関係するのはいうまでもない。

今のわたしのメイク

水で洗顔したあと、素肌におしろいかパウダーファンデーションをつける。ちょっとした外出ならおしろいだけ。長時間の外出のときはパウダーファンデーションにしている。これは通販で買った品で成分数は4。界面活性剤やシリコンは入っていない。そのほかのメイクは以前と同じだ。

見た目は——やはりリキッドをつけていたときのほうがしっとり見えるような気がする。ただ、今のほうが自然な感じになるのはたしかだ。

わたしの場合、メイクをするのは平均して週に1度くらいなので、リキッドをつけてもいいのかもしれないが、とにかくしばらくの間、肌に悪いものは可能な限り退けることにした。

メイク落としもごくかんたんだ。ポイントメイクは、コットンに水かワセリンをつけて取る。こすらないように。きれいに落ちなくても気にしない。そのあと、水洗顔。

眉にしろ口紅にしろ、色素が肌にしみこむなんてことはないのでご安心を。

眉など、「きちんと落ちなくてもいいや。次に描くときラクだから」などとずぼらなわたしは思っているが、それではあんまり、という人は、純石けんを溶かした水をコットンや綿棒に浸して落としてはいかが。

ファンデーションを別にすれば、メイクは前と同じようにしているので、手持ちの化粧品をそのまま使っているが、スキンケア用化粧品はもう不要だ。

もし肌診断に行かなかったら、挫折していたかもしれない。スキンケアをしていたときには、それほどしっとりとつやがあった（ように見えた）のだ。それを思うと、化粧品の力ってすごい！とあらためて感心しきり。

4月14日　第2回肌診断

2度目の診察の日が来た。矢沢医師が急用だそうで、替わりの医師が担当。マイクロスコープを見るなり、「傷んでますねえ……」とひとこと。ただこのとき残念だったのは、前回のデータの保存先がわからず、3月の状態と比べることができなかったことだ。

先に書いたほうれい線のことがあったので、回復に向かっているような気がしてしかたない。しかし、パソコンの画面に映ったわたしの肌はあいかわらずキメが消えている。それだけでなく、全体に何かミミズのような筋が見える。

「これはなんでしょう？　わたし、若いときからずっと、肌がきれいだと言われてたんですけど……（思わずこうくりかえしてしまう自分がちょっと嫌）」

「ひきつれです。こんなにひきつれができているということは、真皮まで傷んでいるということなんですよ」

との説明にショックを受ける。

次に、以前から使っているヘアケア剤の成分について質問した。

「使用を禁じられているような成分はとくにありません。でもね、これをつけなくても、シャンプーやリンスをやめるだけで同じような効果はありますよ」とのこと。

「それにしても、何もつけなくなってから2ヶ月もたってるのに、まだこんなに傷んでるとは思いませんでした」

「そうですねえ。早い人では2週間くらいで変化が現れますが、この状態を見る限り、1年くらいかかるかもしれませんよ」

がっかり。まあ、しかたない。スキンケアをしていた期間がものすごく長いうえに、この年では新陳代謝のスピードも鈍いだろうから。気長に待たねばならないということか。

1回目の診察以降、夜だけ石けんを使っていたが、診察の後、助手さんに、もうふた月近く何もつけていないのに、皮むけが治らないと話したところ、こう言われた。

「石けん洗顔をしているからではないですか。メイクをしない日は使わなくていいんですよ」

ということで、メイクをした日以外は石けんを使わないことにする。ということは、めったに石けん洗顔をしないということになる。

あごがすっきり？

半年ぶりに息子がやってきた。わたしを見て、おやっという顔をした。

「お母さん、痩せた？」

「ううん。別に。どうして？」

「なんかさ、あごのあたりがすっきりしたから……」

えっ、ほんと！　このとき、変化を確信した。たるみが減ったに違いない（当人比）。

そのとき、わたしのなかに初めてある思いが生まれた。それまで考えてもみなかったことだった
――そうだ、わたしが実験台になって、何もつけなくてよいことを証明しよう。そして、スキンケアのありように異議を申し立てよう。

もともとわたしは肌にトラブルがあったわけではなく、本を読んだのをきっかけに、好奇心でスキンケアをやめただけだ。だから、はじめのうちはこう考えていた――何もつけないでいた結果、以前と同じだったら万々歳。つまり、つけてもつけなくても同じということだものね……。

要するにその程度の気持ちだった。正直言って、つけるのをやめれば、肌がきれいになるとまでは思ってはいなかった。

ところが、ほうれい線が浅くなり、あごのラインもすっきり、となってくると、これは黙ってはいられないという気分になってきた。わたしのこの経験を、多くの人たちに知ってもらいたいと思ったのだ。

石けんよ、さようなら！

4月20日を最後に、石けんを使わない生活に入った。

★洗顔

水だけ（この場合の水とは、「冷たくない水」「ぬるま水」のこと）。皮脂は時間とともに酸化して過酸化脂質になる。これは肌を傷めるので、朝より夜の洗顔のほうが大事だ。脂質といっても水溶性だから、水で落ちる。

★入浴

湯船につかるだけで汚れの80パーセントは落ちるという。したがって、お湯につからない肩から上を中心に、シャワーヘッドをタオルに見立てて動かしながら洗う。また、日本の水は軟水なので、洗浄力が強いとか。

★手洗い

水だけで洗うようになってから、以前よりきちんと洗っていることに気がついた。以前は洗浄剤の泡を見るとそれだけで清潔になった気がして、たとえば指の間まで洗ってはいなかった。

そんなことを考えていたら、歯磨き剤の話を思いだした。数年前から日大歯科病院に通っているのだが、担当の豊間均医師がこう言っていたのだ。

「歯磨き剤を使っていると、さっぱりとして気持ちがいいので、きれいになったような気がして、かえってブラッシングがおろそかになってしまうことがあります。基本的には何もつけなくていいんですよ」

ただし、次の場合は、純石けんを使うが、ごくまれだ。

(1)料理などで、手に油が大量についたとき（少しの場合は紙で拭く）。インクのように、外からついた汚れを落とすとき

(2)リキッドファンデーションでメイクしたとき

シャンプー、リンスよ、さようなら！

洗髪もお湯だけ。シャンプー、リンス、トリートメントなどにも界面活性剤をはじめ、髪や肌を傷める成分が入っている。リンスやトリートメントのほうがシャンプーより有害だという。さらさらの手触りにするためにシリコンが含まれているからだ。

そういえば、以前『徹子の部屋』で、頭皮も顔の皮膚とつながっているので基本的には顔のケアと同じだと、専門家が言っていたっけ。頭皮の汚れも汗や埃のほか、皮脂が酸化した過酸化脂質だ。ただ頭皮は顔よりずっと皮脂が多いので、水ではなくお湯で。

ここでおさらい・皮膚の汚れは水溶性だから洗浄剤はいらない

ただ、お湯だけのシャンプーはうまくいかない人もいるようだ。わたしは皮脂が少ないからか、最初からなんともなかったが、わたしが勧めた友人たちのなかには、べとつく、髪のにおいが気になるなどのトラブルを訴える人が何人もいた。

そういう場合は、だんだんとシャンプーを使う回数を減らして馴らしていくとよい。はじめのうちは、べとつきやにおいが気になるかもしれないが、そのうちに調子がよくなるはずだ。

ごわごわするのが気になる人もいるかもしれない。これは今まで使っていたシャンプーやリンスで髪が傷んでいるからで、しだいにおさまる。現に、はじめうまくいかなかった人たちも、その後お湯だけでなんの問題もないと言っている。

皮脂の多い少ないをはじめ、毛質にも個人差があるので一概に言えないけれど、地肌をあまりこすらず、シャワーヘッドを地肌に近づけてていねいに洗うのがコツだ。

家族も了解してくれたので、シャンプーもリンスもトリートメントも姿を消し、わが家の風呂場はおそろしくすっきりしてしまった。

洗濯には合成洗剤を

洗濯には合成洗剤を使う。ただし、柔軟剤と蛍光増白剤が配合されていない製品を。

最近の合成界面活性剤（AE系など）は、従来の合成界面活性剤（LAS）より界面活性剤の使用量が少なく、残留も少ないから、そんなに神経質にならずに使える。また、粉末より液体のほうが残留しにくい（合成洗剤は、繊維に残留しにくいという点で石けん洗剤より優れているが、これは洗濯洗剤に限っての話であり、それ以外で洗浄剤が必要なときは石けん、それも純石けんを使う）。

そういえば、最近、「食器洗いに洗剤が必要なのは、油汚れだけなのに、ご飯茶碗も洗剤で洗う人が多い。お湯を活用しよう」という記事を読んだ。

柔軟剤にも肌を傷める成分（カチオン界面活性剤やシリコン）が配合されている。

わたしはことのほかふわふわタオルが好きで、以前は必ず柔軟剤を使って洗い、そのあと乾燥機でふんわりさせていた。今は乾燥機だけを使っているが、これでも充分ふんわりする。

ずいぶん前のことだが、イラストレーターの大橋歩さんがインタビューで「柔軟剤は一切使いません。ごわごわのタオルが好きなので」と語っているのを読んで目が点になった。

むろん人の好みがさまざまなことを知らなかったわけではない。でも、「タオルはふんわりしているのがいい」というのは、わたしにとっていわば「絶対的な正義」であり、好みの入る余地のないものだった。

言うなれば、「好物はなんですか」と質問したら、「そうですねえ、まずいものなら何でも」と言われたような驚きだったのだ。

このとき、今さらのように思った。そうか、自分の好みだけでものを見てはいけない。人はいろいろなのだ。大げさな言い方かもしれないが、大橋さんの言葉は、わたしにものの見方を問い直すきっかけを与えてくれた。

4月24日　季節の変わり目だから？

あいかわらず皮がむけている。数日前から、右の唇のまわりも派手にむけてきた。こういうときにのみ、応急処置としてワセリンを塗るとよいと言われたけれど、不快な症状は何もない。「鏡さえ見なければ」なんともないので、人に会う日以外は、何もつけないことにした。季節の変わり目は肌が荒れやすいというが、そのせいだろうか。

それにしても今月の寒暖差の大きかったこと。朝晩で10度以上も違ったり、夏日のあとに冬の寒さがきたり……。めちゃめちゃだ。これではホメオスタシス（61ページ参照）を保つのは大変だ。皮がむけるのもその一端だと思う。

ほかにもいろいろ理由があるだろうことは自分でもわかっている。ひとつは、睡眠のリズムが崩壊していることだ。仕事が進まないせいかますます夜型になり、近ごろでは朝の4時や5時に寝ることも多い。

それもちゃんと寝られればともかく、ようやく寝ついたころにしじゅうチャイムで起こされるときている。宅配便やクリーニング屋さん、牛乳屋さんの集金などなど。

先方にしてみれば、ごくふつうの時間帯なのだから文句も言えず。でも、どうして明け方（いや、朝）に寝た日に限ってチャイムが鳴るのだろう。

まあ、ともかくの対応策として、「宅配便とゴミ出しまで対応可」という寝間着を着用に及んでいる。通販で探したのだが、とてもすぐれものだ。

ひとこと

がっくり。死ぬまでもてば？　いやいや、やっぱりこのままいこう。

医師のアドバイス

季節の変わり目に肌の状況が気になるのは、気温・湿度・紫外線量などの気候変動があるためです。しかし、肌本来の機能が保たれていれば、外界の環境変化に影響を受けにくいといえます。また、冷暖房などの人工的な環境で過ごす時間が多いと、肌を傷める要因となります。

5月

うーむ。こんなはずでは……

最後に石けんで顔を洗ったのは、4月20日。もう10日も使っていない。だが皮がむける範囲はむしろ広がっている。前は頬の下半分だったのだが、今は目の下から、こめかみまで。口のまわりも。

肌の状態はよくなっているはずなのにどうしてだろう。

「死ぬまでもてば……」というフレーズがまたしても頭に浮かんでくる。けれども、理論的にも納得しているのだし、あごのラインとほうれい線の改善が確認できた以上、これでいいはずだ（と、自分に言い聞かせる）。

手荒れもひどくなった。つい10日ほどまえにはすべすべしていて、ハンドクリームを使わずに我慢していてよかったと喜んだのに。みっともないので、外出するときだけハンドクリームをつけることにした。

手は顔以上に年齢が出るといわれる。

「パーツ女優」なる職業があるのをご存じだろうか。ドラマや映画で、女優さんの手や足などが大写しになるときの代役だと知ってびっくりした。

コマーシャルや雑誌などで、芸能人の肌が異常にきれいで若いのは、CG修正しているからだというが、「修正」もここまできたとは……。

その結果、視聴者や読者が惑わされ、「きれい」に対する強迫観念を生んでいることはないのだろうか……。

5月15日　少しよくなった?

スキンケアをしない――3ヶ月。

石けんも使わない――1ヶ月。

シャンプーもリンスも使わない――1ヶ月。

5月も半ばになり、頬の皮むけはだいぶよくなった。ちょっと見ただけではわからないので、ついもうよくなったと思ってしまうのだが、おしろいをはたくと途端にかさつきがわかる。めくれた皮の上に粉がのるからだろうか。

だが、よくはなっている。残るは唇のまわり。肌の新陳代謝は28日サイクルだというが、わたしの年代だと60日くらいかかるのかもしれない。どこかにそんなことが書いてあったような気がする。

けれども、これは当初わたしの期待していたことをはるかに上回る結果だ。

ここでひとつ、大事なポイントを。

スキンケアをすべてやめても、以前とまったく変わらなかったとしよう。「なんだ、効果なかったんだ」とあなたが思ったとしたら、それは間違いだ。なんにも変化がなかったとしたら（時間がたったことによる老化は別として）、それはとりもなおさず、何もつけなくてよいということなのだから。

わが家のバスタブは陶製で純白なので、お湯を替えるときに汚れがよくわかる。「湯船につかるだけでほとんどの汚れは落ちる」ことをあらためて実感。

石けんを使わなくなったら、風呂場の掃除がラクになったような気がしていた。どうしてだろうと思っていたが、なんのことはない、石けんカスが出なくなったからだ。思いがけない贈り物。

大丈夫、あなたの肌は賢い②
もうこわくない――紫外線とのつきあいかた

紫外線が肌に悪いことは今や充分すぎるほど知られている。主な害は、シミやシワなどの肌の老化と免疫機能の低下だが、わたしたちはいたずらに怖れるばかりで、これについてもじつは大きな思い違いをしているのだ。

ここでお伝えしたいのは次の3点だ。

1　日常生活では日焼け止めはいらない
2　海や山、スキーなど、強い紫外線を浴びるときにのみ、日焼け止めをつける
3　シミ恐怖症からの脱出

1　日常生活では日焼け止めはいらない

夏に日焼けしても冬になると元に戻るのは、あなたも経験済みだろう。そう、それこそがあなたの肌のすばらしい再生力を示すものだ。

そもそも日焼けとは何だろう。紫外線による肌のダメージだと思っていないだろうか。じつは逆だ。紫外線から肌を守るために、皮膚細胞がメラニン色素を増やした結果なのだ。ただし、通常は一旦メラニン色素が増えても、いらなくなれば古い角質（つまり垢）として排出される。日焼けがやがて元に戻るのはそのためだ。

大丈夫、わたしたちの肌はこんなに賢い。

日焼け止めは、

(1)肌に害のある紫外線吸収剤や界面活性剤を多く含む

(2)同じく界面活性剤たっぷりのクレンジングで落とさなければならない
(3)光線過敏性皮膚炎などの副作用がある

したがって、肌にとても悪い。日常生活では、紫外線の害より日焼け止めの害のほうがずっと大きいのだ。

外出するときには、
(1)日傘や帽子、長袖などで身体を覆う
(2)日陰を利用する
(3)紫外線の強い時間帯を避ける

ただし、長時間の外出や、紫外線の強い時間帯に出るときには、(1)、(2)のほか、おしろいかパウダーファンデーションをつけると安心だ。おしろいのほうがいいが、汗をかくとすぐとれてしまうので、汗をかく季節にはパウダーファンデーションを。

とくにUVカットをうたっていない品でも、紫外線防止効果がある。

(4)紫外線カット処理の施されためがねをかける

この処理さえしてあればふつうのめがねでもいいが、大きいという点でサングラスのほうがいいとはいえる。目から入る紫外線は、白内障を誘発するだけでなく、メラニン色素を増やすので、日焼けにつながる。

だが、色の濃いサングラスだと瞳孔が開くために、かえって紫外線が多く入ってしまう。瞳の輪郭がわかる程度の濃さがおすすめだ。

紫外線の情報について

紫外線の情報を知りたければ、気象庁のＨＰ（http://www.jma.go.jp）を見ればよい（85ページ参照）。

紫外線にはＡ波とＢ波がある。Ａ波は真皮まで届いてシワのもとになり、Ｂ波は表面に作用して、日焼けやシミのもとになる。

季節によって強さに大きな差のあるＢ波と違い、Ａ波は5月をピークに1年中大量に降り注いでいる——これを読んで「えっ、大変」と思ったあなた。どうかご安心を。Ａ波はＢ波よりずっと影響が少ないからだ。

気象庁で発表している予測値は、ＵＶインデックス（指数）をもとに算出されている。これを見れば、Ａ波とＢ波を含む紫外線全体の人体に及ぼす影響がわかる。

各観測地点ごとにその日の予測値と晴天時予測値、さらに翌日の晴天時予測値が示されているので、心配なら晴天時予測値にしたがえば安心だ。それ以上高くなることはないからだ。

それぞれの時間帯に対する対策の取り方も記されている。たとえば、1と2（ネット画面のグリーンゾーン）は、紫外線を気にしなくてよい時間帯を示す。

一般的にいって、東京なら11月から２月までは紫外線を気にする必要はあまりない。紫外線の強い初夏から夏でも、午後４時過ぎれば安心だ。

むろんこれは地方によって差がある。たとえば那覇の場合、たとえ冬でも天気がよければ紫外線対策をする必要がある（85ページ参照）。

紫外線の強さは当然天気に左右される。87ページのグラフは、快晴時を１００とした場合の紫外線量だ。曇りの日でも60パーセントほどあるのでご注意。また、紫外線は散乱したり反射したりするため、日陰でも一定の量は浴びてしまう。

2　日焼け止めが必要なとき

海や山、スポーツなど、長時間強い紫外線を浴びるときに限る。日焼け止めより紫外線の害のほうが大きくなってしまうからやむをえない。ただし、ＳＰＦ値が低く、ノンケミカル（紫外線吸収剤不使用）の製品を。

日焼け止めにはＰＡとＳＰＦの値が記されており、Ａ波を防ぐ力をＰＡで、Ｂ波を防ぐ力をＳＰＦで表す。ＰＡは＋、＋＋、＋＋＋の３段階、ＳＰＦは２から50まである。

冬

東京（晴天時予測値）

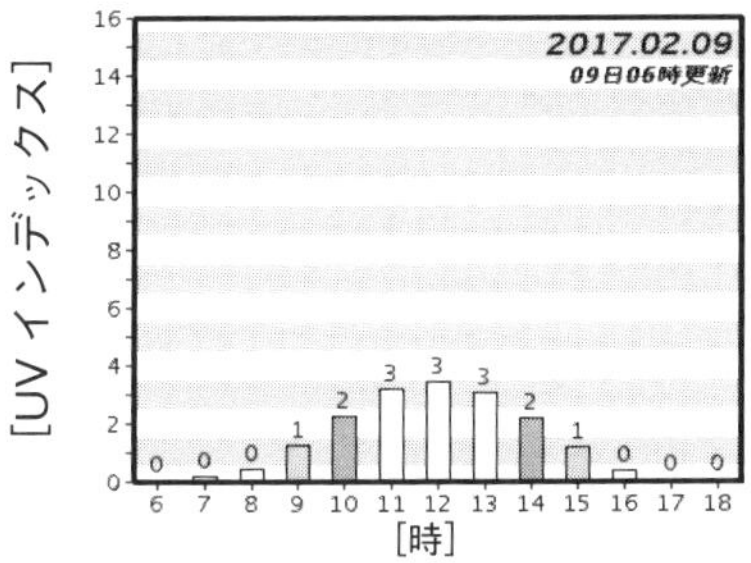

那覇（晴天時予測値）

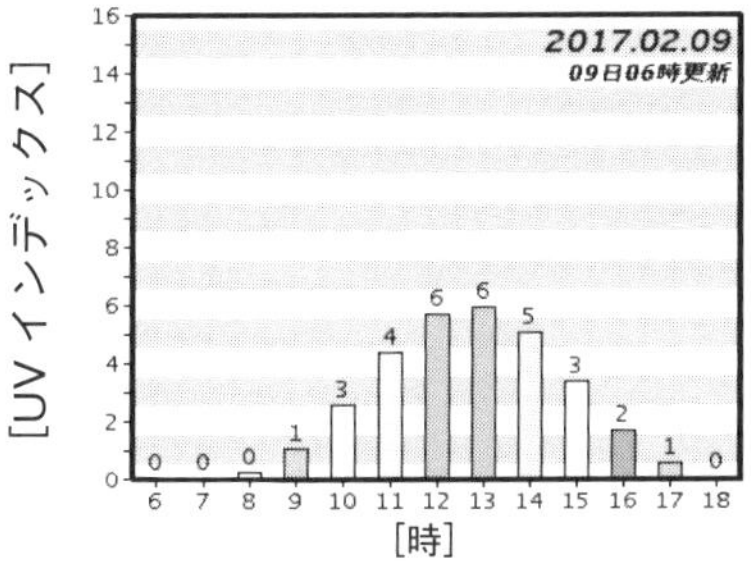

夏

下の2つのグラフでわかるように、晴天時予測値と実際の予測値には差がある。晴天時予測値を参考に対策をとれば、より安心といえる。

東京（予測値）

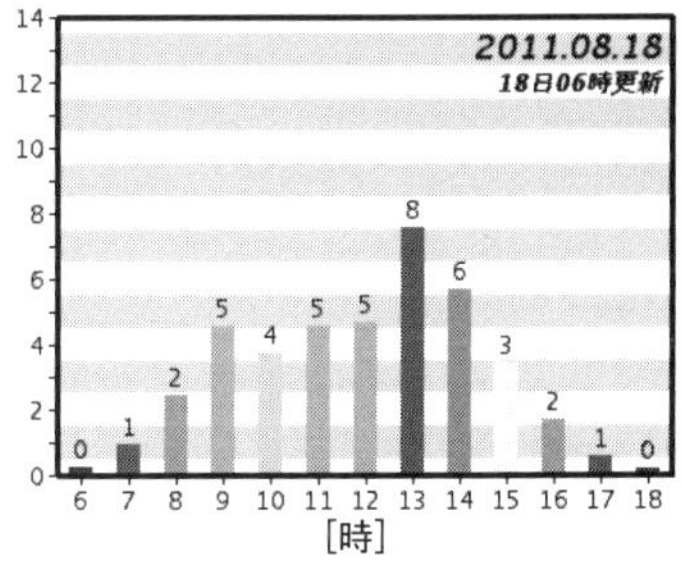

東京（晴天時予測値）

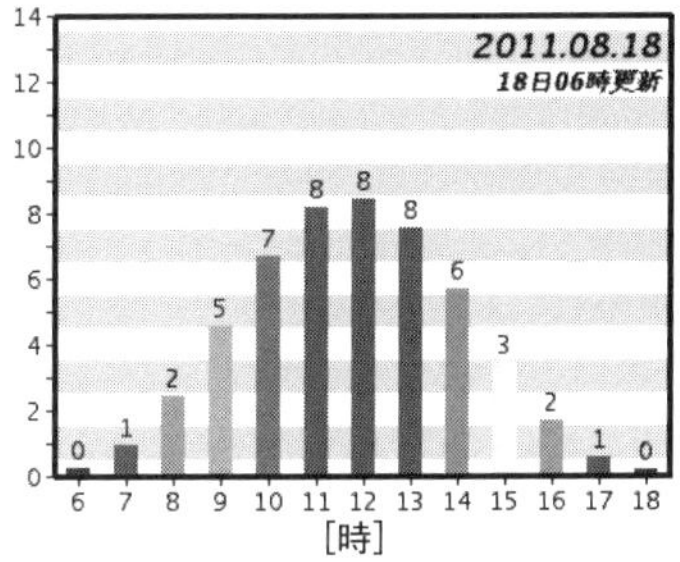

UV インデックスに応じた紫外線対策

- 1~2　弱い → 安心して戸外で過ごせます。
- 3~5　中程度／6~7　強い → 日中は出来るだけ日陰を利用しよう。出来るだけ長袖シャツ、日焼け止め、帽子を利用しよう。
- 8~10　非常に強い／11+　極端に強い → 日中の外出は出来るだけ控えよう。必ず長袖シャツ、日焼け止め、帽子を利用しよう。

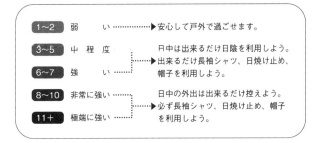

ＳＰＦというのは日焼けするまでの時間を表す数値だ。ＳＰＦ値が高いと防御力も強いと思う人が多いが、これはあくまでも持続時間を示すものであって、防御する力ではない。これが大事なポイントだ。

素顔で紫外線を浴びた場合、だいたい20分で肌が赤くなる人が多いので、それをＳＰＦ１としている。したがって、ＳＰＦ15の日焼け止めは、20分×15＝３００分（５時間）、20なら、20分×20＝４００分（６・６時間）。

先日も大手メーカーの日焼け止めの広告で、「ＳＰＦ50！　これなら20×50＝１０００分で、紫外線を16時間以上も防げます」というのを見て、思わず笑ってしまった。日光が16時間も降り注いでいるところってどこ？

まあ、わたし自身、海へ行くときには50くらいはなくっちゃ、などとついこの間まで思っていて、ごていねいに人にまで注意していたのだから大きなことは言えないが。

東京の場合、いちばん紫外線の強い季節（５～９月）でも、注意しなければならないのは７～８時間。そのうちとくに強いのは、４～５時間だ。だから、たとえつけるにしても15～20で充分（ＰＡは＋か＋＋）。

紫外線量の違い

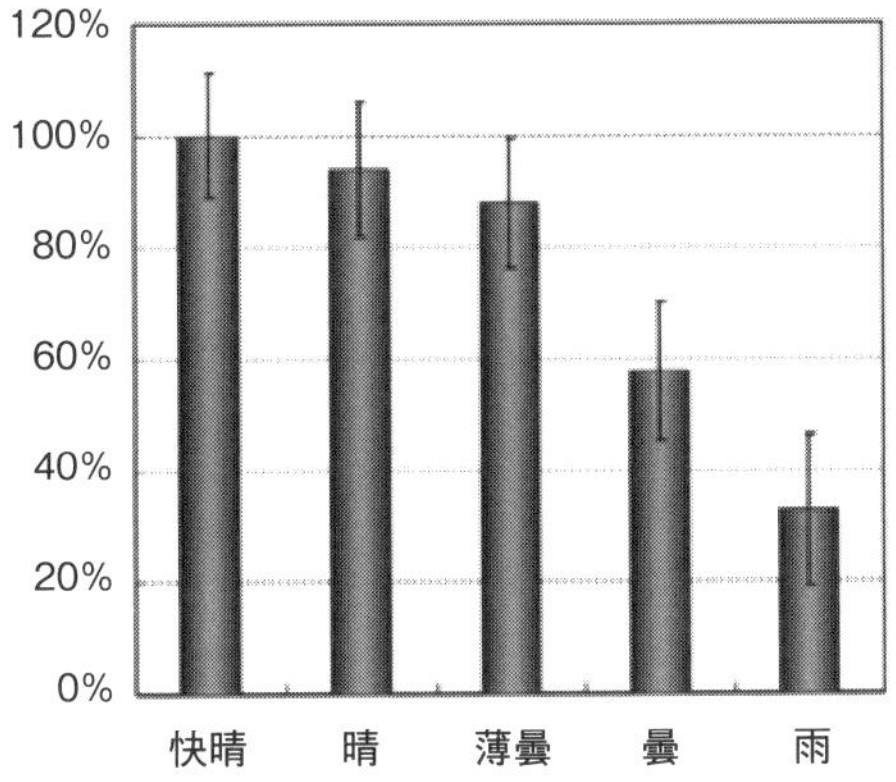

日焼け止めの基礎知識

①ＳＰＦ――紫外線Ｂ波の防止効果を示す数値。
２～50^{+}までで表される。
②ＰＡ――紫外線Ａ波の防止効果を示す数値。
防御力の低い方から、＋、＋＋、＋＋＋の３段階で表される。
③紫外線吸収剤――紫外線を吸収して、熱エネルギーなどに変える成分。化学物質なので、皮膚を刺激することがある。
④紫外線散乱剤――紫外線を跳ね返す成分。酸化チタン、酸化亜鉛などが入っている。
⑤ノンケミカル――紫外線吸収剤を含まない日焼け止めという意味。

ＳＰＦ値と紫外線防御率

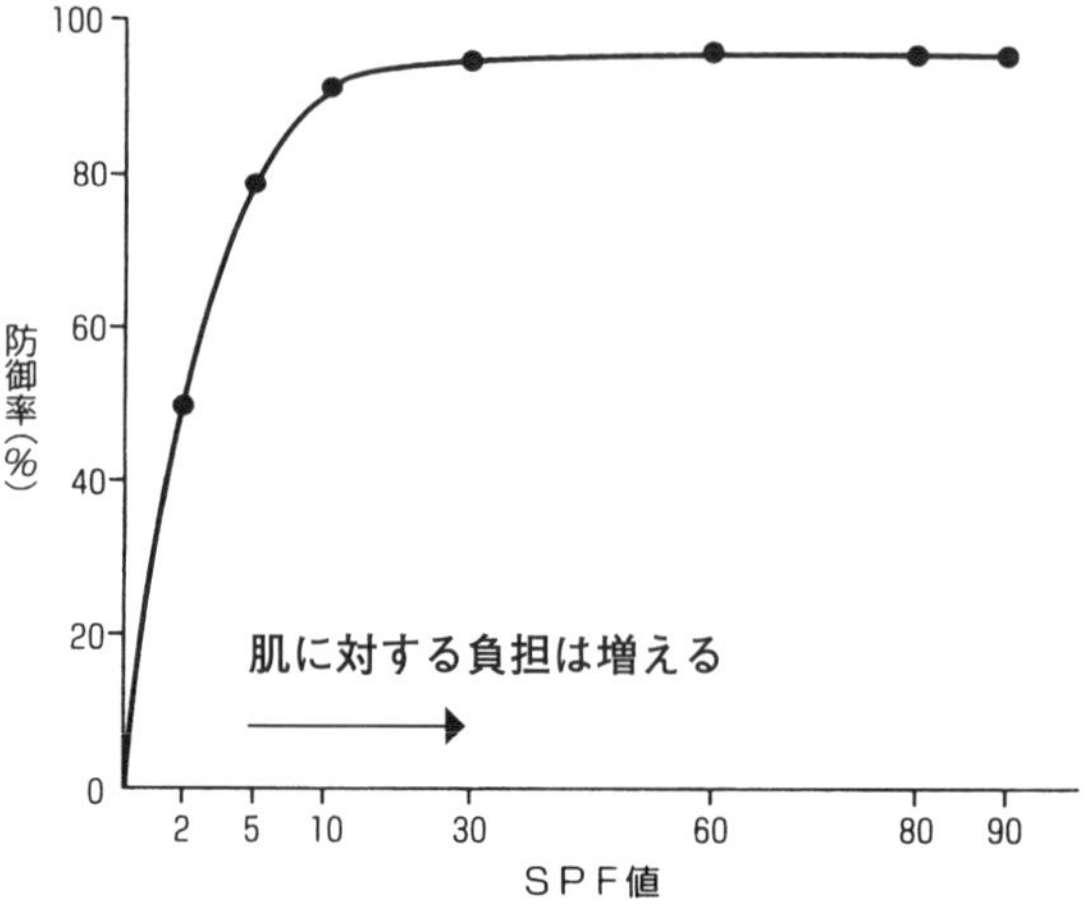

ＳＰＦ値を高めていくと、ＳＰＦ15前後までは紫外線の防御率が効果的に上昇するが、その後は曲線がなだらかになる。
(『バカがつける化粧品』95ページより)

ＳＰＦ値15も50もほとんど効果は変わらない

数値が上がれば紫外線吸収剤は増え、当然ながら肌への害は増す。ところが、ＳＰＦ値15を超すと、紫外線防止効果にはたいして差がなくなるのをご存じだろうか。

たとえば、ＳＰＦ値50のＵＶカット率は98パーセントだが、15〜20でも96パーセントくらい。たった1〜2パーセントしか違わない。こういうのを数字のマジックと言うのだろう（ちなみにＳＰＦ１００は99パーセント）。

では、何が違うのか。それは先に述べたように、効果の持続する時間だ。だが、長くても意味がないことはすでにおわかりだろう。

ＳＰＦ値について大事なことをもうひとつ。これは1平方センチあたり2ミリグラム塗った場合を基準に測定されている。したがって、相当厚く塗らないと効果が得られない。

また、日焼け止めは汗で落ちやすいので、塗りなおすことが大切だ。ＰＡについては+、せいぜい++でよい。

日焼け止めのつけかた

(1)ＳＰＦ値15〜20でＰＡ+か++のものを、厚めに、そしてこまめに塗りなおすようにする。
(2)紫外線吸収剤不使用（ノンケミカル）の日焼け止めを選ぶ。肌への負担が少ないうえに、クレンジングを使わなくても石けんで落とせる。
(3)いずれにしても肌に負担になるので、じかにつけず、あらかじめワセリンを塗って保護するとよい。

２００１年４月に全成分表示が義務づけられたのをきっかけに、「紫外線吸収剤の使用総量は全体の10パーセントまで」という制限もなくなってしまった。以前よりＳＰＦ値の高い製品が多くなったのはこのためだ。その結果、肌にたいする害がいっそう増したのはいうまでもない。

それからもうひとつ、忘れてはならないのは、過剰に紫外線を避けると、ビタミンＤが不足することだ。最近、女性の間にビタミンＤ不足が増えているのは、紫外線対策のしすぎと無関係ではない。ビタミンＤは食事からもとれるが、ある程度日光浴をしたほうがいいという医師は多い。

3　シミ恐怖症からの脱出

去年の日焼けがシミに……なんてことはない

美肌の大敵「シミ」。シミにもいろいろあるが、わたしたち女性がいちばん気にしているのはいわゆる日焼けによるシミ（老人性色素斑）だろう。

わたしたちは成人するまでに一生のうちの半分以上の紫外線を浴びると言われる。だから、日焼けによるシミやシワに限って言えば、その時期にどんな環境で過ごしたかによって、中年以降のシミやシワの量はほぼ決まってしまうのだ。

若いときは新陳代謝が活発なのでシミにならないが、加齢とともに過去に浴びた紫外線のツケが顔に現れるといったらいいだろう。だがそれには長い時間がかかる。去年海で肌を焼いたから、などということはない。

だから、日焼けによるシミに関して言えば、中年過ぎたらそんなに神経質になる必要はない。というより、今さら気をつけても後の祭り、といったほうがいいかもしれないが（追記・1年間日焼け止めを使わずに過ごしたが、２０１１年2月の測定の結果、わずかながらシミが減っていた。これだけとっても、日常生活では日焼け止めがいらないことがわかっていただけると思う）。

日焼け止めの狂騒曲

日焼け止めの害についていろいろ書いてきたが、これが肌に負担になること自体は、それなりに知られていると思う。いわば「必要悪」として塗っている人が多いのではないだろうか。

わたしも知らないわけではなかったが、クレタ島の一件以来、紫外線恐怖がしみついてしまったのでせっせと塗っていた。メイクしていないときには2時間おきくらいに塗りなおしていた。というより、いつでも塗りなおせるようにと、夏はファンデーションをつけずに日焼け止めだけにすることも多かった。今思うと「あーあ」のひとことだ。

それにしても、紫外線の害についての警告は、年々大げさになっているように思う。

今でも忘れられないのは、数年前にＮＨＫの健康番組で、ある皮膚科医が紫外線がいかに肌に悪いかを強調したあと、こう言ったことだ。

「わたしは妻に、朝カーテンを開けるときには、その前に日焼け止めクリームを塗っておくようにと注意しています」

そして服から出ているところはすべて、首はむろん、耳の後ろも忘れずに、しかも2度塗るように指導していたので、わたしもそれを実行していた。そのために肌がますます衰えたと思うと悔しいけれど、まあ、過ぎたことをいってもしかたがない……。

（追記・２０１２年８月18日『朝日新聞』夕刊に『顔を隠して日焼け防止』という記事があった。一目見て絶句。こんなにまでしてビーチに来る気持ちがわからん。紫外線恐怖もここまで来たとは……）

子どもや赤ちゃんも紫外線対策は同じ

年齢が低ければ低いほど、紫外線の害が大きいのは事実だ。だからというので、赤ちゃんにもせっせと日焼け止めを塗る人が増えてきた。

１９９８年４月、母子手帳から日光浴の項目が削除された。オーストラリアでは、小学校でも日焼け止めを塗る時間を作って子どもに塗らせているという。

だが、これはオーストラリアの話だ。メラニン色素がたくさんあるわたしたち黄色人種と彼ら白人を同じに考える必要はない。現にオーストラリアの先住民であるアボリジニにはあまり皮膚がんが発生していないのだ。

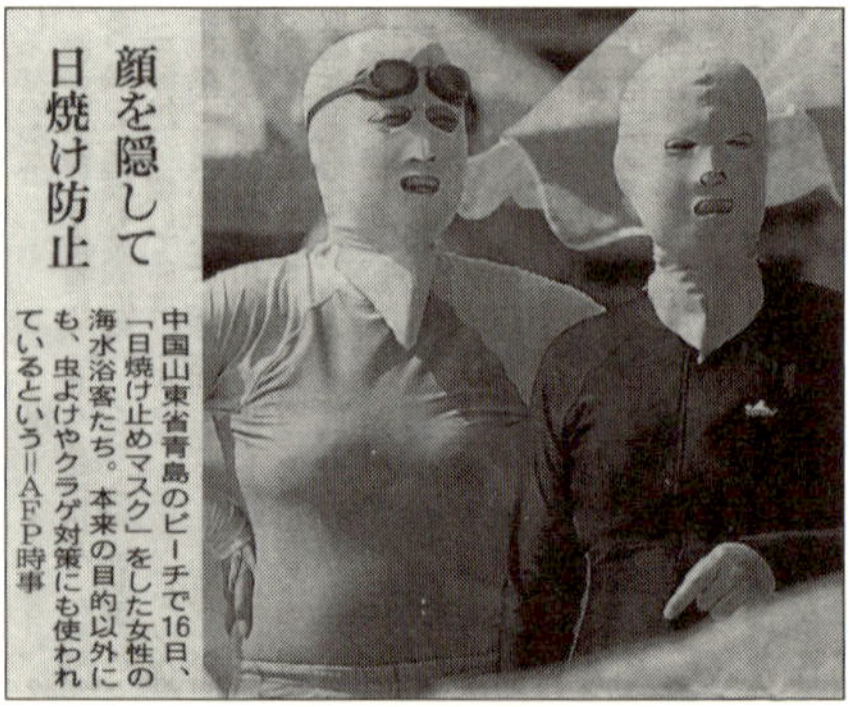
顔を隠して日焼け防止
中国山東省青島のビーチで16日、「日焼け止めマスク」をした女性の海水浴客たち。本来の目的以外にも、虫よけやクラゲ対策にも使われているという＝ＡＦＰ時事

▲2012年８月18日付「朝日新聞」夕刊

要するにこれは、紫外線に免疫のない白人が地球上のはるか北から、日本よりも段違いに紫外線の強い地域に移住したために起こった現象なのだ。

紫外線が健康にも肌にもよくないこと、光老化を起こすことはたしかなので、生まれたときから予防することは大事だが、日焼け止めの害をよく考えたうえで対策を取るべきだと思う。

対策は、大人の場合と同じだ。

紫外線の強い時間帯を避け、日陰を選んで帽子や衣服で防ぐ。日差しの強い時間帯にはおしろいをはたく。おしろいといっても、色味がないものを選べば赤ちゃんや子どもにも使える。そして、まめに塗りなおしてやることが大事だ。

「ベビー用」にご用心

海や山に行ったりスポーツをするときには、日焼け止めを塗るのもしかたない。

こちらも大人の場合と同じだ。

SPF値が15〜20で、紫外線吸収剤を含まないもの（ノンケミカル）を選び、下地にワセリンを塗る。

ただし、「ベビー用」というだけで選ばないように。多くが「無香料・無着色・低刺激」をうたっているが、いざ成分を見ると、フェノキシエタノールをはじめ、指定成分がいくつも配合されている。けっして低刺激ではない。

もともと赤ちゃんの肌というのは未完成で皮膚常在菌（116ページ参照）も少ないので、雑菌を防ぐために大人用より消毒剤や殺菌剤が多く使われていることがよくあるからだ。

消毒剤の入った化粧品をつけて太陽にあたると、光過敏症になるなどの大きなダメージがある。おまけに大切な皮膚常在菌を追いだしてしまう。

今にして思うと、クレタ島での怖ろしい経験はこれが原因のひとつだったのかも。当時使っていた日焼け止めを正確に覚えているわけではないが、肌によさそうだからとベビー用もよく使っていたからだ。

実際、刺激が少ないからと思い込んでベビー用化粧品をつけた結果、肌が荒れたという例は多い。

5月21日　紫外線は浴びるけれど……

すばらしい天気。朝ご飯は中庭で。といっても9時半を過ぎているので、紫外線はしっかり降り注いでいるが。

この家を建てるとき、食事や読書を中庭でしたいと思い、南北に長い鰻の寝床の土地の南側をふさいでコの字型にした。おかげで朝だけはパラソルを出すが、11時を過ぎるとテーブルのまわりは完全に日陰になる。

日陰でも、ある程度紫外線を浴びるのは承知している。それを考えると、家の中にいるほうがいいに決まっているが、おしろいだけはたいて中庭に出ている。美肌のために生きているのではないのだから……。

5月になるとかなり紫外線が強いので、10時から15時まではなるべく外出を控えるようにしているが、出かけるときには、おしろいをはたき、日傘をさす。帽子のときには立ち襟の長袖をはおる。おしろいは肌に負担がかからない代わり汗で落ちやすいのが欠点だが、まだそんなに汗をかかないのでこれで大丈夫。真夏のこの時間帯に出るときには、パウダーファンデーションにするつもりだ。

家にいるときの予防策としては、紫外線カットの窓ガラスがおすすめだ。わが家はリビングと書斎以外は普通のガラスなので、紫外線カットフィルムを貼った。こうすれば、家にいるときに何もつけなくても紫外線は防げる。

ひとこと
長い間こわがっていた紫外線。これからは賢くつきあおう。

医師のアドバイス

紫外線については神経質になりすぎず、「日焼け止めによる害」を考え、肌本来の力を信じることが大事です。ベビー用スキンケア用品は、赤ちゃんに多い皮膚病（湿疹やあせもなど）を予防する成分も含まれ、大人の場合は肌へ悪影響を与える可能性もあります。

6月

またしても新たな発見が！

出勤日なので、パウダーファンデーションをつける。いつものことだが、もうすっかりよくなったと思っていても、いざファンデーションをつけると皮むけに気づく。皮がむけているところに陰ができるからだろうか。

診察日は16日だから、あと2週間ほどだ。何もつけなくなってから4ヶ月たったことになる。興味津々。絶対によくなっているという確信はある。でも、どの程度かとなるとまったくわからない。

だが、重要なことは、現在の状態ではなく、以前と比べてよくなっているかどうかなのだ。

顔を洗うときに手がすべる感触はまだ戻っていない。でも、きっとこれが正常なのだろう。以前つるっとしていたのは、表面にクリームや乳液がのっていただけなのだから。

要するに、どんなにわずかでもいいから上向いていればいいんだから。いや、上向いていなくても、悪くさえなっていなければそれで御の字じゃないか。何もつけなくていいってことなんだから（と、自分に言い聞かせる）。

なんだか色が白くなったような気がするが、気のせいだろうか。

顔のざらざらはあいかわらずだ。とくに口や鼻のまわりとあごのあたり。頬のほうはだいぶよくなった（あとでわかったのだが、ざらざらの正体の多くは角栓だった。角栓というのは皮脂と古い角質の混ざったもので、そっと撫でると垢のようにぽろぽろとれる）。

ほうれい線やあごのラインは、前ほどはっきりとした変化はない。でも、変化というのは、最初にいちばん劇的に起こり、そのあとは次第に緩やかになっていくものではないだろうか。

仕事が一段落したので、さまざまな参考文献やネットを読み始めた。とにかく驚くことばかり。目から鱗が落ちると言いたいが、そんなものではない。目の玉が落ちる、とでも言いたいほどの驚きだった。

かくも多くの「刷り込み」や「思い込み」があるとは！

「はじめに」にも書いたが、30年近くも前、朝日新聞にスキンケア化粧品の害についての記事が載って話題になり、その後『あぶない化粧品』（注6）のシリーズがベストセラーになった。そう、「スキンケアはよくない」という流れはすでにあったのだ。

だが、いつのまにか立ち消えになってしまった。いや、それどころか、今日本の化粧品市場は2兆円にものぼる一大市場だ。30年前の警告もなんの役にも立たなかったということになる。

わたしがいい見本だ。警告を心に留め、一度は試みながらもけっきょく元の木阿弥。そのあとは化粧品業界の言うことを頭から信じて、せっせとスキンケアを続けてきたのだから。

自己弁護するわけではないが、なにしろ刷り込みの力は大きい。雑誌やテレビ、新聞、ネットは化粧品の広告であふれかえっている。そして、何もつけずにいると、水分が蒸発してシワだらけになる。日焼け止めをつけないとシミだらけになるとおどされる。

こうしてわたしたちは日々洗脳されている。しかも、言われたとおりにすると、一時的にはちゃんとそれだけのことはある。しつこいのを承知でくりかえすが、刷り込みから抜けだせない最大の原因は、それがわたしたちの実感とぴったり符合することだ。

いくらCMや広告で宣伝しても、自分が感じたことと違っていれば、消費者はそうそうかんたんに従わないだろう。ものごとは往々にして正しいからというより、納得しやすいという理由で信じられてしまうのだ。

実際に化粧品でかぶれたり、赤くなったりするなどのトラブルがあれば別かもしれないが、多くの人はそういう目立ったトラブルはない。いや、それどころか、実際にそのときはしっとりするし、見た目にもきれいになる。

そうなると、肌によいと信じてしまうのが人情というもの。思えば、ウグイスの糞、ヘチマ水に始まり、キュウリのパックなど、昔からわたしたちはいろいろなものを肌につけてきた。髪だって椿油をつけてきた。ことほどさように「何かつけなくちゃ」との思いは強い。

来週3回目の診察がある。はたしてどんな結果になっているだろうか。

6月16日　第3回肌診断——VISIAによる測定①

いろいろな質問を携えていく。

皮むけは減ったものの、口のまわりを中心にざらざらしているのが気になる。

さて、マイクロスコープによる矢沢医師の診断だ。

前回同様、開口一番、

「わあ、傷んでますねえ……」

画面を見ると、なんとあいかわらずな状態の肌が映っていた。

ショック。なんなんだ、これは。なんの効果もなかったってこと？　愕然とする。とにかく初回の3月9日の画像と比較してみることに。

その画像を見たとたん、矢沢医師のトーンが変わった。

「あ、回復してますね」

なるほど、かすかだがキメが見えている。回復に向かっているのだけは間違いない。

「表面の白っぽい部分は古い角質です。きちんとはがれ落ちないと、こんなふうに見えるんですよ」

「これをスクラブなどでとるのはどうですか」

「それはだめです。健康な角質まで一緒にとってしまい、あとでさらなる乾燥に悩むことになりますよ」

以前、このスクラブというのを何度かやったことがある。肌に負担がかかるのは知っていたのでごくたまにだったが、たちまちつるつるになるので（実は大事な皮脂膜や角質をすりむいているのだとは知らず）、病みつきになる人もいるんじゃないだろうか。

肌の回復はまだまだとはいえ、いちばん大切なのは、改善されたこと。前回も、「こんなに傷んでいると、1年くらいかかるかもしれない」と言われたし。

安心もしたが、同時にがっかりもした。

「4ヶ月たってこれじゃあ、先は長いですねえ」思わずためいきをつく。

「そうですねえ。でもこのまま何もつけずにいれば、必ずよくなっていきますから」

まあ、そう信じてやっていくしかない。それにしても、肌の状態を知る他の方法はないものだろうか。そうそう、デパートなんかでよくコンピューター診断というのをやっているけど……。わたしは言った。

「それはそうと、マイクロスコープでキメを見るほかに、肌の状態を測定することはできないでしょうか」

すると「VISIA」という装置で測定できるとのこと。早速申し込む。なんでも「シミ」「シワ」「毛穴」「キメ」などの解析ができるそうな。それだけでなく、同年代の平均値を50とした測定値、つまり偏差値のようなものが出るとか。

さてその結果は……

なんと！　予想をはるかに超えていた。シワ、シミ、キメ、毛穴すべて75以上だった。90近いものもある。「かなり良好な状態」だと言われた。うーん。これとマイクロスコープのあの画像との落差ってどうなの。

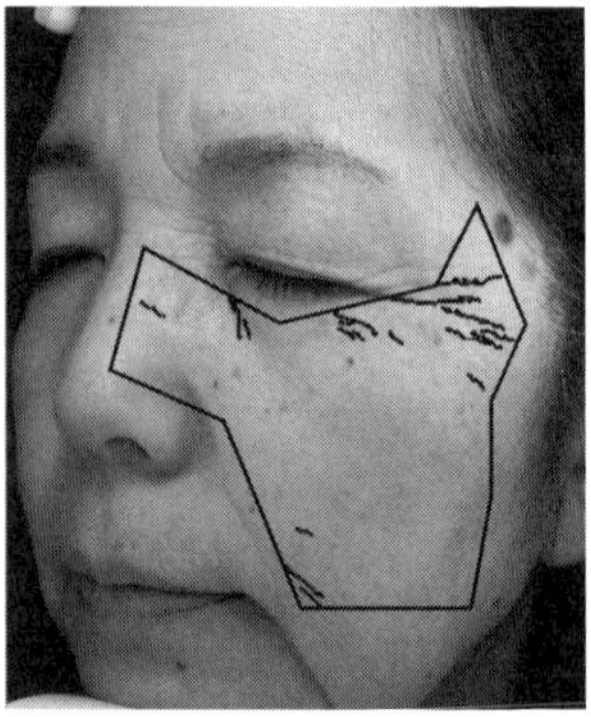

VISIA の測定写真（シワ）

ＶＩＳＩＡの測定値を見る限り肌の状態はとてもよい。おおいに安心し、勇気が出る。

くどいようだが、これはわたしのスタート時の値ではない。スキンケアをやめて４ヶ月たったときのものなので、２月の時点と比べてすでに大幅にアップしているはずだ。一般的に言って、始めのほうが改善のスピードは速い。

ここまでやってきたのだもの、ぜったいに続けよう。

コマーシャルのからくりと化粧品の原価

とかくわたしたちは数値で表された情報に弱い。どうやらわたしのように科学や数字に弱い人間ほど、それらを妄信する傾向にあるようだ。ダイエットの流行にも数字の力が大きく関係している。効果が具体的な数値になって現れる喜びが大きいのだ。

化粧品でも事情は変わらない。雑誌でもテレビでも盛んに一見科学的なデータによる宣伝があふれている。だが、こういうデータにはえてして落とし穴がある。

たとえば――

サンプル数が少ない
ほかの解釈も成り立つ
特定のメーカーだけが独自に行っている
マウスでしか実験されていない
特定の条件でのサンプルに偏っている
公表されていない他の条件が関わっている、などなど……。
だが、わたしたちのような一般の消費者はそれをいちいち検証することはできない……ま、何もつけなければ、そんなことをする必要もないけれどね。
また、よくあるのが皮膚科医のサポートつきの広告記事。あるメーカーのスキンケア用品を一定期間使って、使用前と使用後のデータを比べる。むろん、数値をごまかしているとは思わない。そんなことをしたら詐欺だからだ。
そうではなく、美容液やクリームを塗ってから測定すれば、実際に水分値や油分値が上がるのだ。事実、今回わたしの肌の測定に使われた「ＶＩＳＩＡ」のメーカーも、クリームをつけたあと測定すると、ソフトフォーカス作用（シワや毛穴を目立たなくする作用）によって、75パーセントもシワが減って見える画像をネットで公開している。
そう、言いかえれば、化粧品には魔法のような力があるのだ。でも洗い流してしまえば元の木阿弥――と言いたいが、残念ながらそうはいかない。もうおわかりだろう、つけている間にその下の肌は乾燥し、老化していく。

ただ、パーティや同窓会など、そのときだけでいいからシワを消してぴかぴかの肌でいたいというときに、肌への害を知ったうえで使うなら、それも悪くないと思う。なんであれ、たまにならかまわないのでは。

威光価格

化粧品の原価は驚くほど安い。

これについては、多くの人が気づいていると思う。だいたい5000円のクリームで、100円から200円くらい。3000円の口紅は450円くらい。そのうち300円が容器代、中身が150円だという。

このようにあえて高値に設定された価格を「威光価格」というそうだ。高いものは品質もよいと思い、またステータス意識もくすぐられるという、わたしたちの心理を利用しているのはいうまでもない。

服であろうと家具であろうと、値段が高いと品質もよいような気がするのは一般的な心理だ。だが、スキンケア用化粧品ほどこの「威光価格」が効果を上げるものはないだろう。

中にはいんちきなものもあるとはいえ、服や靴、家具などは、わたしたち消費者もある程度は品質の違いがわかる。それに比べ、化粧品は実態がわからない。容器や包装が豪華でも、あくまでもそれは入れ物にすぎず、中身ではないからだ。

現在、日本女性は世界中でいちばん化粧品を消費するといわれる。ただ、売れ筋の内訳はほかの国と違っている。たとえばフランスでは、香水などフレグランスが7割を占めるが、日本では7割がスキンケアとか。これは大いに納得。日本人ほど美肌に執着する国民はないと常々思ってきたからだ。

わたしのヨーロッパの友人たちの例をみても、スキンケアは驚くほどかんたんだ。ニベアだけの人、化粧水だけの人。昔に比べれば、若い人たちはメイクするようになったが、スキンケアは今だにあっさりしたものだ（それでも、まったくしていない人はほとんどいない）。

化粧品会社にとっても、スキンケア用品が売れ筋の中心だというのは有り難いに違いない。口紅にせよアイシャドウにせよ、メイク用品というのはそうそう減るものではないが、化粧水やクリームは消耗品だからだ。

おまけに一切メイクをしなくても、スキンケアだけはしている人がほとんどなのだから。

それほど売れるスキンケア化粧品。高級な製品もたくさん出ていると聞いて調べてみて驚いた。

資生堂ザ・ギンザのエンパワライザークリーム（40グラム）10万8000円。

コーセー・コスメデコルテのミリオリティ インテンシブクリーム（45グラム）12万9600円。

なんと金《きん》より高い。

化粧品信仰のすさまじさにあらためて呆然。

ひとこと

びっくり！ こんなに肌の状態がよかったなんて！

医師のアドバイス

VISIAは、一定の条件で撮影した顔写真をデジタル解析し、シミやシワ、毛穴、キメの状態などを数値化することができます。あくまで肌評価の指標のひとつですが、肌の改善程度を客観的に比較評価することが可能です。

7月

おや？　手がすべすべしてきた

暑い！　まだ梅雨が明けていないのに。ふと気がつくと、あれほどがさがさだった手のひらがすべすべになっていた。ハンドクリームをつけずに頑張っていたころを思うと、ウソのようだ。これが季節による肌のバリア機能の違いということなのだろうか。

ここでおさらい・夏になると気温も上がり、血行も肌の新陳代謝も活発になるため、バリア機能が高くなる。したがって肌のトラブルは少ない。

男性はスキンケアをしないけど……

現在50歳以上の男性のほとんどは、生まれてこのかたスキンケアなどしたことがないだろう。でも、肌がつっぱるという話は聞いたことがない。

男性はスキンケアがいらないが、女性はしないと肌が傷むというのは、よくよく考えてみればおかしな話だ。事実、皮膚科医や外科医の中には、同年齢の男女を比べると、男性の肌のほうが健康だと言う人が多い。

男性のほうが皮脂が多いのはたしかだが、保湿の面から見れば皮脂の働きは大したことはない。むしろ皮脂が多いと、ニキビなどのトラブルが起きやすいうえ、過酸化脂質によるダメージがある。「そんなことないわ。男性はシミやシワもニキビ痕も目立つし、毛深いから、女性よりきれいなんて思えない」

と言う人もいるだろう。

たしかにそういう面がないわけではない。でも――ここが肝心だ――これらは「スキンケアをしなかったから」ではないことにお気づきだろうか。つまりこれらは、男性の多くが無防備に紫外線にあたってきたことや、女性より皮脂が多いためにニキビができやすいことからくるのであり、スキンケアをしなかったためではない。

7月15日　久しぶりにリキッドファンデーションを

ちょっとあらたまったところへ行くことになり、下地とリキッドファンデーションをつけてみた。「素肌＋ワセリン＋下地＋リキッド」。5ヶ月ぶり。

やはり「素肌＋パウダーファンデーション」より、しっとり見えるような気がする。

面倒なのでわたしはリキッドの上に仕上げのおしろいをはたいていなかったが、今のように紫外線の強い季節には、おしろいをつけたほうがいいことに気づいた。パウダーが紫外線散乱剤の働きをするからだ。

さて……とりあえずの結論は、パーティなど「ここ一番」のときだけ、リキッドを、というものだ。そういうことはめったにないし。

リキッドは、クレンジングを使わなければ落ちないということになっているが、ウォータープルーフでなければ石けんで落ちる。

泡立てネットや手のひらで純石けんを充分に泡立て、顔に手が触らないように気をつけながら押し洗いする。洗い流すときも絶対にこすらず、水を顔面に押しつけるような感じで。完全に落ちなくても気にしない。

北里病院でも、洗顔後、少しくらいメイクが残っていてもかまわないと言われた。きっちり落とそうとしてクレンジングを使ったり、こすったりするほうがよっぽど肌を傷めるとのこと。

ポイントメイクも同様だ。色素が肌にしみこむなんてことはない。放っておいても垢となって落ちていくのでご安心を。

アンチエイジングについて考える――見た目過剰重視時代に

アンチエイジング――この言葉を頻繁に目にするようになってからずいぶんたつ。アンチエイジングとは、「抗老化または抗加齢」と訳され、老化や加齢に対抗するケアとされている。そのなかでも中心になっているのは美容、つまり見た目に関するものだ。

加齢とともに肌や身体が老化していくのは自然なことで、止めることはできない。しかし、老化を遅らせることはできる――これがアンチエイジングの一般的な考え方だ。

「見た目過剰重視時代」の現代、当然ながらアンチエイジング化粧品は化粧品業界のドル箱だ。

永遠の美と若さとは人間の見果てぬ夢なのだろう。

それにつけても思われるのは、今の若い人たちの若さや美肌に対する執念のすごさ。大学で4年生の女子学生たちが話してるのを小耳にはさんで驚いた。

「1年生見ると、あせっちゃうよね。お肌ぴっかぴか」

今の高校生は大学生を「おばさん」と呼ぶという。美しさに対する、それから若さに対するこの異常な執念は、どこから来るのだろう。自分のことを思いだすと、大学4年生のとき、1年生を見て「かわいいね」とみんなで言いあったような記憶はある。だが、自分たちと比べて肌がぴかぴかだなどと思わなかった。22歳の自分をまだとても若いと思っていたからだ。
残り時間が限られてきた今こそ、日々の小さな出来事を心に留めて丁寧に生きていきたいと思う。「今」をじっくり味わうことで、時間の流れを遅らせることができるという。それもまた、ひとつの「アンチエイジング」なのだから。

ひとこと

リキッドはやはりきれいに見える――化粧品恐るべし！

医師のアドバイス

メイク落としで大事なことは、残さずきれいに洗い落とすことではなく、できるだけこすらずに洗うことで肌へのダメージを最小限に抑えることです。肌へのダメージは、化粧品や紫外線ももちろんですが、物理的な刺激も大きな原因のひとつと言えます。

8月

顔も手もすべすべしてはいるけれど……

スキンケアをやめてほぼ半年たった。

ついに、唇の右下にあったしつこい皮むけが消えた。万歳！

ところで、スキンケアをやめたら、朝、顔を洗ったときに手がつるっとすべらなくなったと思っていたのだが、ひょっとするとあれはぬるぬるしていただけなのでは？ 肌がすべすべしているというのは、今のような状態をいうのではないだろうか。

キメも戻りつつあるのだと思う。とにかく、これでわたしの肌はすっかり健康になったようだ。半年近く皮むけに悩まされたけれど、それもう、これでおしまい（じつはこれも思い違いだということはあとでわかった）。

ラオスへの旅

ラオスに10日間の旅をした。ラオスは日差しが強いうえに、日中歩き回ることになるため、2月以来初めて日焼け止めクリームをつけることにした。これはＳＰＦ20だが、ノンケミカルなので石けんで落とせる。

だが、けっきょくそれもつけなかった。なにしろ高温多湿のラオスのこと（しかも今は雨期だ）、汗ですぐ流れてしまう。つけなおすのが面倒でけっきょく1日か2日つけただけでやめてしまった。

ただ、長袖、スカーフ、帽子、日陰は忘れなかった。紫外線よけのためだけでなく、直射日光が照りつけている間は、このほうが涼しいからだ（雨期といってもスコールで短時間なので、しじゅう日が照っていた）。

いつも思うのだが、東南アジアの女性の肌はほんとうにきれいだ。そういえば、以前ベトナムへ行ったとき、日本の化粧品がブームになっているという話を聞いた。もう10年以上も前の話だ。それまで何もつけていなかったベトナム女性がスキンケアを始め、それがステータスシンボルになっているということだった。

そこへいくとベトナムよりはるかに貧しいラオスでは、スキンケアをしていない人がほとんどだ……そんなことを思っていた矢先、とあるラオスの町で化粧品会社の巨大な看板を見た。

こうやって世界中が化粧品公害に染まっていくんだなあ、としみじみ無念だった。深い無力感に襲われてしまう。つい半年前まで、わたし自身、業界の言うことを鵜呑みにしていたのだから。

長い間の刷り込みの手強さ、圧倒的な業界の力。それらに抗するのが難しいのはむろんだが、無力感を感じる原因は、それだけではない。何かをつけたくなるのは、多くの女性たちにとって本能的と言ってもよいほどの強い欲求かもしれないと思うからだ。自分もそのひとりだったから、よくわかる。

はるか昔から女性はスキンケアをしてきた。暴君ネロの妻のミルク風呂、クレオパトラのばら風呂も有名だ。クレオパトラや楊貴妃は美容のために真珠の粉を飲んでいたという。サプリのはしりだ。そしてその傾向は今に至るまで続いている――いや、それどころか烈しくなる一方だ。

だが――かつての天動説同様、かくも深く浸透しているからこそ、誰も疑おうとしないからこそ、真正の思い込み、刷り込みなのかもしれない。「刷り込み」「思い込み」という巨大な壁。その高さはまるで天まで届くかのようだ。

虫除けスプレーよ、さようなら

虫除けスプレーも使わなくなった。虫に刺されても平気だから……では、もちろんない。それどころか、中庭で過ごすことが多く、犬の散歩もするので、今まで虫除けスプレーは必需品だった。で、けれども、スキンケアをやめてからというもの、なんとなくこれも使う気になれなくなった。で、調べてみた。虫除けの主成分はディートという化学物質だ。毒性が低いとされ、広く使われているが、これとても、稀にではあるが神経障害や皮膚炎を起こすという報告があり、2005年にカナダ政府が警告を発したのをきっかけに、わが国でも国民生活センターが注意を促している。

とくに幼い子どもにはあまり使わないほうがいい。要するに日焼け止めと同じで、やむを得ない場合をのぞいてなるべく使わないようにすることだ。

犬の散歩には長ズボンをはき、首から虫除けをぶら下げ、庭にいるときには、蚊取り線香をつける。むろん、ラオスに行ったときには、マラリアやデング熱予防のために虫除けスプレーは必要だった。それでも、立ち襟の長袖シャツに長ズボンでかなり防げるので、あまりたくさんつけないですんだ。

ところで、蚊は花の蜜や樹液を餌にしており、刺すのはメスだけだということをご存じだろうか。人の血を吸うのは産卵のためであり、血を吸って生きているわけではない。卵を産むため、メスは命がけで血を吸いに来るのだ。そして、「運が悪いと」ピシャッと叩きつぶされ、一巻の終わり。

数年前、たまたまこれを知ってとても驚いた。それと同時に、なんだか蚊のメスにふしぎなシンパシーをおぼえてしまった。生きとし生けるもの、こうやって種族保存に命を賭けているのか。しかも蚊の場合、それはメスだけなんだ、と。オスは人間につぶされる心配もなく、のうのうと飛んでいればいいなんて……。

ハムレットではないが、すべてものは考え方次第。それ以来蚊はお友だち……とはさすがにいかなかったが、たとえ刺されても、以前ほど不愉快にならなくなったのが自分でもおかしい。それも手伝ってか、虫除けスプレーにさよならするのもたやすかった。

皮膚常在菌について——その数、1兆個

皮膚に菌が棲みついているなどと言われると、なにやら気分がよくない。けれどもこれは皮膚常在菌といって、わたしたちの健康にとって、そして肌にとってとても大切な働きをしているのだ。

わたしたちの身体には無数の菌が棲んでいる。体内にいる菌といえば、ビフィズス菌が有名だが、皮膚にもたくさんの微生物が棲んでいる。代表的なのは表皮ブドウ球菌、アクネ菌などで、その数、なんと1兆個。

表皮ブドウ球菌は、皮脂や汗の成分を取り入れて酸を出す。これを産生物質というが、要するに菌の排泄物のことだ。この物質が汗や皮脂と混じり合って皮膚をしっとりさせている。

また、弱酸性なので皮脂の脂肪酸とともに、皮膚を弱酸性に保っている。病原菌の多くはアルカリ性を好むから、けっきょく皮膚を守ってくれることになる。

アクネ菌はニキビのもととして嫌われ者だが、やはり肌の健康にひと役買っている。悪さをするのは数が増えたときだけだ。したがって肌のためにはこれらの常在菌が元気で暮らせるようにして

やることが肝心だ。

それにはまず――

(1)紫外線を避ける

ただしこの菌は化学物質を嫌うので、日焼け止めを使うと元気を失う。

(2)汗をかく

皮膚常在菌の大事な食べものは汗と皮脂。高温多湿の東南アジアの人々の肌がきれいなのは、汗をかくために常在菌が多いこともあるのだろう。

汗は不快だが、体温調節のために大事なだけでなく、汗に含まれる乳酸や尿酸は古い角質をはがす、つまり垢がはがれ落ちるのを助ける。そのうえ大切な表皮ブドウ球菌が増える――つまり肌によいのだ。そう思えば、不快さもいくぶん減るような気がしてくるのでは？　そう、何でも考え方ひとつなのだ。

(3)洗浄剤を使わない

石けんや洗浄剤を使うと、悪性の菌だけでなく、これらの常在菌まで追いだしてしまう。皮膚常在菌が元気なら肌は弱酸性に保たれるので、黄色ブドウ球菌などの悪性の菌は繁殖できない。だから、洗浄剤を使わず、洗い流すだけでよい。前にも書いたが、皮脂が酸化してできる過酸化脂質は水溶性だからだ。

(4)スキンケアをしない

化粧品に含まれる界面活性剤や防腐剤は、洗浄剤同様、常在菌を追いだしてしまう。

(5)身体を冷やさない

皮膚常在菌が増殖し、元気でいるためには、当然人間の体温が必要だ。平均36・5度。だから身体を冷やすと元気がなくなる。

冷たいものをたくさん食べたり飲んだりするのも、伊達の薄着も強い冷房もよくない。

(6)こすらない

表皮が傷ついて皮脂の出が悪くなると常在菌も育ちにくくなる。

あなたはもう気づかれたことだろう。そう、今までお話ししてきたこととまったく同じなのだ。

ひとこと

日焼け止めをつけずにラオスであんなに強い日差しにあたったのに平気だったとは……。

医師のアドバイス

皮膚をこすることで角層が破壊され、バリア機能が低下します。化学的に角層を壊すピーリングという治療法もあり、これは細胞の再生機能を高めるための作用があります。しかし、表面をただこすり落とすだけでは、再生どころか肌は大きなダメージを受けてしまいます。また、こすることで皮膚自体に炎症が生じ、色素沈着をきたします。女性に多い肝斑といわれるくすみも、炎症性の色素沈着が原因のひとつとも考えられています。

9月

そして鏡も見なくなった

ラオスから帰ったあと、久しぶりに石けん洗顔をした。

ずっと治らなかった右の唇下の皮むけが、じつは湿疹のようなものだと気がついたのは10日ほど前。すぐに皮がはがれ落ちて治ったのはいいが、あとが薄くシミになった。このシミがどうなるのか、要チェック（追記・これはいつのまにか完全に消えていた）。

かさつきもなく、トラブルなし。おでこのシワが浅くなったような気がするけれど、これは多分気のせい。だが、ほうれい線が浅くなったのだけは、はっきりわかる。

半年でこの変化ってけっこうすごいことでは？　仕事が忙しいのとトラブルがないのとで、鏡を見るのをつい忘れてしまう。でも、シミも薄くなっているのかもしれない。なんとなく色が白くなったような気がするからだ。

調子がよいせいか、ろくに鏡を見ないようになってしまった。何もつけていないことすら忘れてしまいそう……。

それにしても人間というのは、こうまですぐに慣れてしまうものだろうか。

はじめのころはラクだラクだ、と日々感激していたのに。ふと気がつくと、まずスキンケアをしていないこと自体を忘れ、それから手間も時間もお金もまったくかからない、という有り難さもけろりと忘れている。

ソクラテス先生も言っている

秋学期が始まった。最初の授業が終わったとき、女子学生がふたりやってきた。

「チコクしましたあ」

顔を見ても、誰だかわからない。女子の少ないクラスなのでほとんど全員の顔を覚えていたはずなのに。とにかく、メイクの濃さがはんぱじゃない。

ちょっと、ちょっと。あなたたち、遅刻してもメイクはバッチリするってこと？　という言葉をのみこむ。

ああもったいない、何もしなくてもきれいなときなのに——と、かつて自分がまわりのおばさまたちから言われたのと同じセリフが、思わず口を突いて出そうになる。これを老婆心という（慣用句のつもりで使っていたが、ふと気がつくと、字義通りの意味になっていた……）。

そう言えば、こんな会話もあったっけ。

「ライターは高校のときからいつも鞄に入れてます」

「え？　たばこ吸うの、あなた？」

「いえ、ビューラーをあったためるんです」

なんだか、世の中、どんどんわたしの見当もつかないほうへいっているような……。

わたしがメイクを始めたのは大学に入ったときだ。そのころ、まわりのおばさま方からよく言われたものだ。

「今がいちばんきれいなときなのよ。わたしたちみたいなおばさんになっちゃうとお化粧が必要になるけど。だからね、今は何もしなくていいの」

そうかなあ、とわたしは思った。メイクして鏡を見ると、していないときよりきれいに見えたからだ。

そう、人類というのはある意味、けっして進歩しない生き物なのだ。ある年齢にならなければ絶対にわからないことがある。

「近頃の子どもは、礼儀作法はなっていないし、目上を敬う気持ちがない」

かのソクラテス先生の言葉だ。

年を取ってよかったことがひとつだけある。

賢くなった！（当人比）

14日に3ヶ月ぶりの肌診断。さて……。

9月14日　第4回肌診断

いつものように、マイクロスコープによる肌診断。きれいに整っているとまではいかないが、初めのころと比べるとずいぶんキメが見えてきた。

日焼け止めについて質問する。ラオスではけっきょくほとんど使わなかったが、海の好きなわたしのことだ、今後つける機会もあるだろう。

矢沢医師は言った。

「日焼け止めも洗い流すだけで8割方落ちますよ。たとえ少し残ってしまっても、クレンジングの害や、そのためにこすってしまうことを考えると、そのほうがましといえます。とにかくこするのはいけません」

マイクロスコープの画像を見て、わたしは言った。

「あのう、右の頬のほうが傷んでいるように見えるんですけど」

「たしかにそうですね」

「右側を下にして寝る癖があるので、枕カバーでこすれるからでしょうか」

「ええ、それは関係あるでしょうね。また、右利きの人はどうしても右に力を入れるので、緊張して右の頬のほうが傷むこともあるんですよ」

なるほど。そのとき、日大歯科の豊間医師の言葉を思いだした。2年ほど前、右の奥歯にインプラントを入れたのだが、そのとき、こんな話を聞いた。

「インプラントを入れるまで、かなり長い間左だけで噛んでいたでしょう。そうすると、そちらの筋肉ばかり使うので、使ってないほうはたるむんです。ですからね、インプラントって美容にもいいんですよ。しっかり噛めるようになると、筋肉がついてたるみもなくなります」

インプラントはとても具合がよく、すぐに左右で均等に噛めるようになったので、頬の筋肉もついたのではないだろうか。

こういうことなら、インプラントを入れる前と後の、左右の頬の様子を観察しておけばよかった。でもこういう成り行きになるとは思ってもいなかったのだから、しかたないか。

友人たちの反応

わが美容法（?）に自信が持てたので、友人たちに話してみた。

おおかたの反応はこうだ。

「あ、そう。でも化粧水や乳液はつけてるんでしょ」

誤解のないように「スキンケアをやめた」という言い方にしているのだが、それでもすぐにはピンと来ない人が多い。「化粧水・乳液、あるいはクリーム」が、いかにあたりまえで不可欠のものになっているかを、つくづく思い知らされた。

中には、ごくわずかしかつけていない、つまり、化粧水やオリーブオイルだけという人もいないではないが、そういう人は「つけない」のではなく、「つけられない」場合が多い。かぶれたり、赤くなったりしてしまうという。

トラブルのない人に限れば、程度の差はあれ、誰もがスキンケアはぜったい必要だと頭から信じていた。メイクが肌によくないことを知っている人は大勢いる。だが、皮肉なことに、だからこそスキンケアが不可欠だと信じて疑わないのだ（などと偉そうに言っているが、要するにこれは半年ほど前までのわたしのことだ）。

洗顔後、正真正銘何もつけないと言うと、まずひどくびっくりされる。それから、「ほんと？　そんなことして大丈夫なの？」「つっぱらないの？」という返事がかえってくるのがふつうだ。

そこでかいつまんで説明すると、反応はいくつかにわかれる。

(1)「そういえばそういう話、聞いたことある。やってみよう」と実行する人。

(2)「なるほどね、でもこわいな」と、ケアをいくらかシンプルにした人。しかし、そういう人でも日焼け止めはなかなかやめられない。これでもかと言うほど紫外線の害を刷り込まれているからだ。

(3)理屈はわかるけど、「こわくてどうしてもできない」という人。

(4)納得しない人。このなかには、かつてそういう話を聞いて試みた結果、うまくいかなかったという人もいる。

わたしは、(4)の人を説得しようとは思わない。だって、「たかがスキンケア」だもの。スキンケアをしても身体をこわすわけではない。おまけにそこには、

肌の手入れをする楽しみ
つけたときの気持ちよさを味わう喜び
きれいになったような気がするうれしさ

があるのだ。

それがわかるだけに（といっても、ものぐさなわたしには〈肌の手入れをする楽しみ〉はなかったが）、あえて説得はしない……と、ここまで書いてきて、ふとあることに思いあたって、考えが変わった。

スキンケア自体が目的化していて、それが趣味だという人はたしかにたくさんいる。けれども、その人たちだってやはり、「きれいになる」と思ってしているのではないだろうか。

ここがケーキやメイクと決定的に違うところだ。ケーキが好きな人は、おいしいから食べるのであって、「ケーキを食べれば痩せるし、身体にもよい」とはむろん思っていないだろう——わたしのように。

メイクが好きな人も、「肌によくないかもしれないけど、きれいになる」と思うからしているのだ——わたしのように。

そう、それなりのマイナスを承知したうえでやっているのだ。

けれどもスキンケアは違う。

「スキンケアが肌に悪いのはわかっている。でも、いいや。気持ちがいいから」などと思っている人はいないはずだ。

スキンケアが好きな人はやればいいと前に書いたが、ここで次のように補足したい。

「肌が乾燥し、老化することを承知のうえでなら」と。

しかし、(1)〜(3)の人には、ぜひぜひお薦めしたい。この本を書いたのはまさにその思いからだ。

何から何まで驚くことばかりで、自分がいかに無知だったかをつくづく思い知らされたとはいえ、いざ人に話してみるとほかの人たちもみな、以前のわたしと同じようにスキンケアの害についてまったく知らなかったことがわかった。無知なのはわたしだけではなかったのだ。

それで安心したかって？　いや、その反対だ。たまたま自分が無知だったのなら、「ああそうか、知らなかった」ですむが、誰もが知らないとなれば、ことはもっと深刻だ。

大丈夫、あなたの肌は賢い③

こわくてできない

こわくてできない――これは相当根強いようだ。わたしの話を聞いてスキンケアをやめた友人からこんな話を聞いた。

「わたしもとても調子がいいの。で、娘に言ってみたら、そういう話を時々耳にするけど、そんなこと、こわくてできないって言うのよ」

こんな例もある。70歳のお母さんが、病気で長期入院した。そのとき、スキンケアをまったくしないでいたら、みるみる肌がきれいになったという。ところが、40歳のその人はこう言ったそうな。

「でも、わたしはやっぱりできないわ。こわくって」

それを聞いてわたしは考え込んでしまった。実例を目《ま》の当たりにしてもそう思ってしまうのはなぜだろう。たまたまそうなっただけだとか、そういう人は生まれつき肌が強いからだとか、自分とは別だとか思ってしまうのだろうか。

個別の例では説得力がないということだろうか。具体的な数値、大規模な統計なんかで示されないと、長年刷り込まれてきた不安を打ち消すことはできないのかもしれない。

むりもない。わたしたちは、日々、不安を植え付けられているのだから。

「洗顔後、きちんとお手入れしないとシワが増えますよ」

「日焼け止めクリームを塗らないでいると、シミだらけになります」

それにしても、海に入ってもお風呂に入っても、海水やお湯が肌にしみこんでこないことを考えれば、肌からは何もしみこまないことなど一発でわかるはずなのに、なぜ、化粧品は浸透するなどと信じこんでいたのだろう。そう思うと自分でもふしぎだ。

だが、いったん理解してみると、こんどはあまりに簡単な理屈なのにまたまた驚いてしまう。同時に、人体の、自然のすばらしさにあらためて感動しないではいられない。

考えてもみてほしい。肌はわたしたちを外界の異物から守っていて、何も「入れない」のに、汗や皮脂、古くなった角質やメラニンなど、出すべきものはちゃんと「出している」のだ。すばらしいシステムではないか。


ところで、同年代の友人たちには概してすんなり理解された。わたしの話をきっかけにスキンケアをやめた、あるいはシンプルにしたという人が多い。それにはいろいろ理由があるだろう。

今さらいろいろつけてみたい年齢ではないこと、世の中で当然のように言われてきたことの中には間違いがいろいろあったという経験があること。単に「もういいや。どうせトシだし」という気持ちもあるだろう。

それに、ラクこのうえないときている。年を取ると、何によらず面倒なことはしたくないもの。

しかもタダ！

ひとつ違う次元に！

今月、驚くようなことがあった。なんと、「スキンケアをしていない」「何もつけていない」ことをいつのまにか忘れていたのだ！　つまり、化粧水もクリームも、生まれてから一度もつけたことはない、そんな気がしていたというわけ。それほどあたりまえになっていたなんて！

ひとこと
スキンケアをしていないことを忘れてしまった！

医師のアドバイス

肌が出す水分は、正確には経皮水分蒸散量といい、角層を通じて体外に蒸散放出される水分量（汗は除く）のことです。肌のバリア機能の指標のひとつで、角質内の水分量と関連性があります。ダメージ肌では水分蒸散量が大きいため、角層内の水分は減少します。

乾燥肌を改善するには、外から水分を補充するのではなく、肌のバリア機能を改善させて水分蒸散量を減らしていくことが重要となります。肌は体内に何かを取り込む入口ではなく、排泄器官であることを忘れてはいけません。

10月

大きな思い違いふたつ

10月にしてはとても暖かい日が続く。季節はずれの高温だ。何もつけなくなってから、程度の差はあれ、唇の脇だけはいつも皮がむけている。皮むけが治らないことについては今まで何度か書いたが、ふたつ思い違いをしていたことにようやく気づいた。

(1)スキンケアをしていたときには、洗顔後すぐに化粧水やクリームをつけていたからわからなかっただけで、やはり季節や体調によっては皮がむけていたに違いないこと。

(2)スキンケアをやめる↓いったん肌が荒れる↓バリア機能が回復し健康になる↓これで一件落着。そう思い込んでいたこと。

環境によって、季節によって、体調によって、肌のバリア機能はたえず影響を受ける。考えてみれば、ごくあたりまえのことなのだが、いったん肌が回復したらそのまま同じ調子で行くような錯覚を起こしていたらしい。

季節の変わり目は一日の気温差が大きいだけでなく、日々の気温差も大きいので、肌にもその影響が現れる。でも、かゆみもなく自覚症状もないので、あいかわらず洗いっぱなし。ワセリンもつけていない。

「しっとりぴかぴかのお肌」のからくり

じつを言うと、今までに何度か挫折の危機があった。それは、素顔であろうとメイクしたときであろうと、以前のように「お肌ぴかぴか」ではないのに気づいたときだ。

あとでわかったのだが、「お肌ぴかぴか」は、合成ポリマーの働きだ。「合成ポリマー」とは、合成樹脂・合成ゴム・合成セルロースのことだ。

ご存じのように、本や雑誌の表紙はコーティングされてつるつるしている。要するにこれと同じことが肌に起きているのだ。全成分を調べてみれば、スキンケア用、メイク用を問わず、おそらく非常に多くの化粧品、とくに保湿をうたっている商品にこの合成ポリマーが配合されているはずだ。

代表的な合成ポリマーは、「〇〇メチコン」（ジメチコン、トリメチコンなど）、〇〇セルロース、加水分解コラーゲン、アクリル酸〇〇、〇〇カルボマーなどと表記されるが、まだまだうんざりするほどたくさんある。

しっとりぴかぴかのメカニズムはこうだ。まず化粧品に含まれる界面活性剤によってバリアが壊され、アミノ酸やヒアロルン酸などの保湿成分を含んだ液が肌に浸透する。

いっぽう、合成ポリマーは分子が非常に大きいため、そのまま肌の表面に残って皮膜を作る。その結果、肌はいわばビニールコーティングされて一時的につるつるぴかぴかするだけでなく、赤ちゃんの肌のようにぷりぷりする。さらに、先ほど入った水分が皮膜の下に保たれるので、しっとりして、浅いシワなら消えてしまう。

そのときにコンピューターで肌診断などをすれば、「肌の水分量が増えている」「シワが目立たない」という結果が出るだろう。

おまけに肌なじみがよく、スーッとしみこむ感じがする。しかし、たとえ保湿成分が入っていても、浸透させるには界面活性剤の力でバリアを破壊しなければならないことをお忘れなく。

しかも合成ポリマーによってフタをして一時的に水分の蒸発を防ぐから、肌はバリアが機能していると勘違いしてしまう。その結果、肌はサボるのでバリア機能は回復せず、確実に老化し、乾燥するという寸法だ。

今回探し出した例の新聞記事（43ページ参照）に、「『来週、同窓会なんです』と駆け込んでくる人には、塗って6～8時間の間、しわをぴんと伸ばす化粧品を紹介する」とあった。

これを読んだときには「へーえ、そんなものがあるの？」と驚いたが、要するに合成ポリマーの働きだったのかと納得。

「全成分表示」の落とし穴

2001年4月から、化粧品の全成分表示が義務づけられた。つまり、それまではアレルギーを起こす可能性のある成分「表示指定成分」（香料を含め103種類）だけを表示すればよかったのに対し、すべての成分を配合量の多い順に表示しなければならないことになったのだ（ただし1パーセント以下のものは順不同でよい。137ページ参照）。

ふーん、全部表示しなければならないのか、それなら安心……そう思ったならご用心。一度でも全成分表示を見たことのある人ならわかると思うが、専門家などのごく一部の人をのぞき、これを見て意味のわかる人などいない。だからまったくばかばかしいと言える。しかも、ただ無駄という

「しっとりぴかぴかのお肌」のからくり

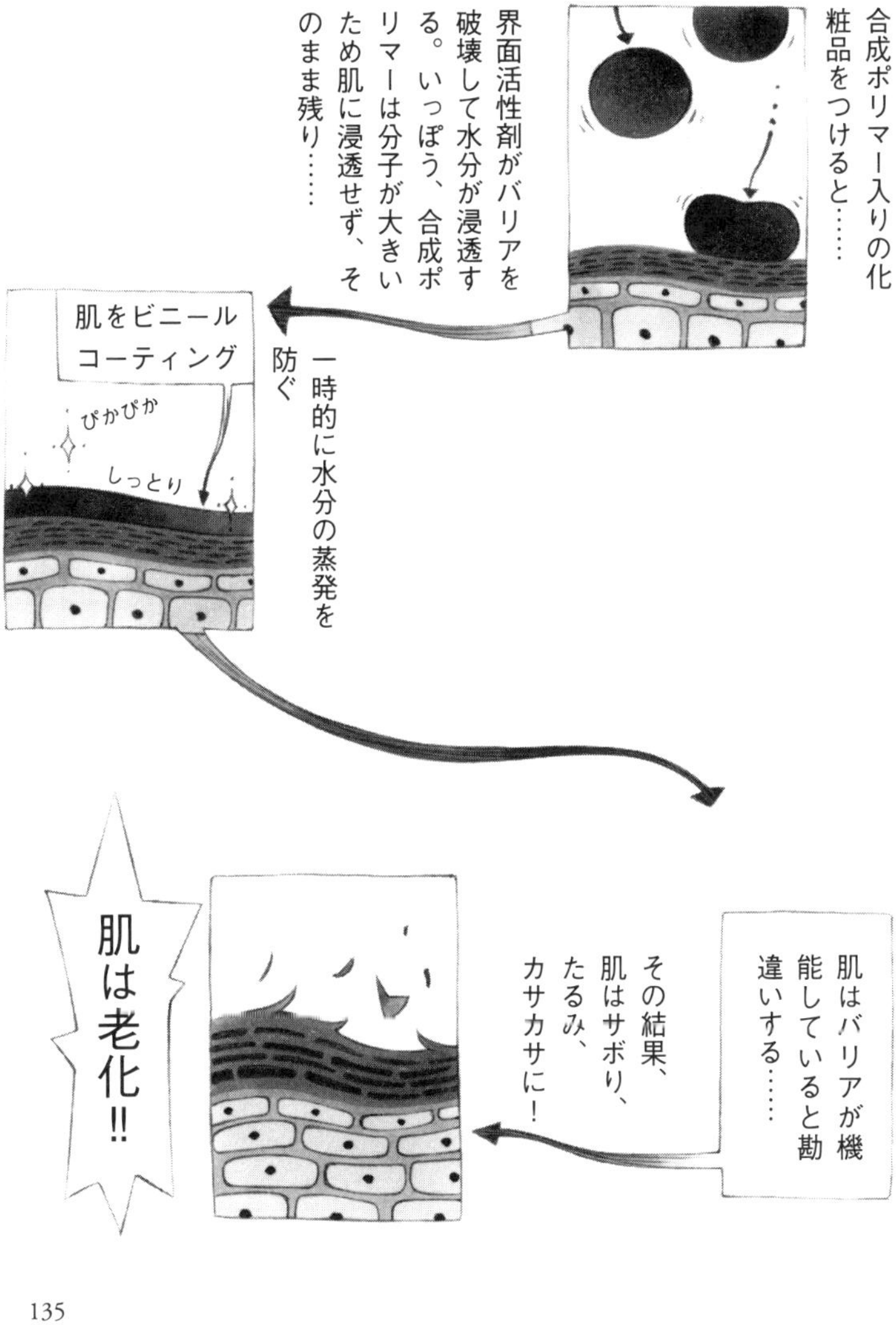

だけならまだしも、表示されたことによって、化粧品を買うのは自己責任になってしまった。

こちらはすべての成分を表示しています、それを知ったうえで買ったのだから、責任はそちらにありますよ、というわけだ。

じつはこれ、大幅な規制緩和である。国が安全性を保証するのではなく、メーカーに安全管理を任せることにし、配合禁止成分、配合制限成分さえ守れば、どんなものを配合してもよくなったからだ。おかげで、表示指定成分だったものまでほかの成分と区別がつかなくなってしまった。

さらに、日焼け止めのところでも書いたが、肌に対する害がハッキリしている紫外線吸収剤も、総量の10パーセントまでという制限がなくなり、いくらでも入れてよくなった。ＳＰＦ値の高い商品が次々と発売されるようになったのはこのためだ。

「医薬部外品」という奇妙なもの

全成分表示が義務づけられてから、急に増えたものがある。医薬部外品という、日本にしかない化粧品だ。医薬部外品はかつての表示指定成分のみを表示するだけでいい。言い換えれば、ほかにいくら刺激の強い成分が入っていても消費者にはわからないということだ。

なかでも美白化粧品に医薬部外品が多い。医薬部外品は、何らかの薬効成分がないと認められな

●水･脂肪酸(C12−20)PEG−8エステル･(カプリル／カプリン酸)ヤシアルキル･トリ(カプリル酸／カプリン酸)グリセリル･BG･ジメチコン･リシノレイン酸セチル･セタノール･グリセリン･ステアリン酸PEG−100･カプリリルグリコール･セチルリン酸K･アセチルグルコサミン･ペンチレングリコール･カルボマー･(アクリル酸Na／アクリロイルジメチルタウリンNa)コポリマー･ホエイタンパク(牛乳)･酢酸トコフェロール･水添ポリデセン･アルゲエキス･カフェイン･サーマスサーモフィルス培養物･酵母エキス･リノール酸･トロメタミン･トレハロース･PCA亜鉛･ヘキシレングリコール･BHT･キサンタンガム･ソルビトール･EDTA−2Na･ラウレス−8･リン酸アスコルビルアミノプロピル･ジカプリル酸PG･ヒアルロン酸Na･ラミナリアディギタータエキス･オレイン酸･コレステロール(羊毛)･リノレン酸･アボカド油･メロン果実エキス･水酸化Na･デカルボキシカルノシンHCl･孔雀石･マルトデキストリン･ミモザテヌイフローラ樹皮エキス･クエン酸･プランクトンエキス･硫酸K･レシチン･アルテミアエキス･エルゴチオネイン･加水分解水添デンプン･黄4･赤504･サッカロミセス培養溶解質液･アセチルヘキサペプチド−8･フェノキシエタノール･ソルビン酸K･香料<JILN005368>

▲保湿クリームの成分表示例

737570 4-成分：水、メトキシケイヒ酸エチルヘキシル、グリセリン、シクロペンタシロキサン、テレフタリリデンジカンフルスルホン酸、ＰＧ、酸化チタン、ドロメトリゾールトリシロキサン、変性アルコール、ＴＥＡ、ステアリン酸、セチルリン酸K、ナイロン−１２、ＲＮＡ、トウモロコシエキス、トコフェロール、ココイルサルコシンＮａ、ヒドロキシシトロネラール、ヒドロキシイソヘキシル３−シクロヘキセンカルボキサルデヒド、フェノキシエタノール、アデノシン、フェニルアラニン、ステアリン酸ＰＥＧ−１００、アルギニン、オイゲノール、エチルパラベン、ポリソルベート８０、ジメチコン、リモネン、キサンタンガム、マンニトール、リナロール、安息香酸ベンジル、ベンジルアルコール、セイヨウハッカ葉エキス、トロメタミン、イソヘキサデカン、カプリリルグリコール、α−イソメチルイオノン、カルボマー、（アクリルアミド／アクリロイルジメチルタウリンＮａ）コポリマー、ピリドキシンＨＣｌ、チロシン、ゲラニオール、ＥＤＴＡ−２Ｎａ、アデノシン三リン酸２Ｎａ、ヒスチジンＨＣｌ、ガリカバラ花エキス、セタノール、メチルパラベン、シトロネロール、水酸化Ａｌ、ヘキシルシンナマル、ステアリン酸グリセリル、アミルケイヒアルデヒド、香料. CODE F.I.L.：C37808/1

▲日焼け止め用乳液の成分表示例

いが、アルブチン、トラネキサム酸などの美白成分と保湿成分が入っていれば、医薬部外品として売ることができるからだ。

おまけに、美白成分を浸透させるため、皮膚への浸透性がとくに高い、つまり強力な界面活性剤を使っていることが多い。その結果、ほかのスキンケア用化粧品よりも一層肌を老化させてしまう怖れがある（追記・２０１３年７月、カネボウ化粧品の美白製品による被害が報道された。肌がまだらに白くなる白斑という症状で、被害者は約２万人。そのうち２００人以上が裁判に訴えた。多くがなお進行中。白斑の治療法はまだ見つかっていない）。

「色の白いは七難隠す」と昔からいうように、日本人は色白に対する憧れがとくに強い。したがって美白化粧品の売り上げは残念ながら増える一方だ。

「無添加・自然派・ベビー用・弱酸性」にご用心！

ネーミングにまどわされない

（1）無添加化粧品という摩訶不思議なもの

全成分表示が義務づけられた結果、摩訶不思議な製品が生まれた。無添加化粧品という代物だ。名前を聞くとなんだか肌によさそうだが、じつはこれは先に記した表示指定成分、つまりかつて表示義務のあった成分を含まないという意味にすぎない。

「表示指定成分」そのものが意味を持たなくなった今、「無添加」という表現自体がおかしい。かつての指定成分は入っていないかもしれないが、そのほかの好ましくない成分が入っている可能性は大いにある。

要するに、無添加という表現は、安心だと消費者に思い込ませるための名称にすぎない。

（2）自然派化粧品という危ないもの

植物・自然・天然由来成分――こう言われると、いかにも肌によいような気がするのでは？

おっと、ここでご用心。

自然派化粧品の成分を見ると、植物エキスが使われていることが多い。だが、ちょっと考えてみよう。植物ってかぶれを起こしやすいんじゃなかった？　ガーデニングでかぶれたって話もよく聞く。

漆、ぎんなん、桜草などはけっこう知られているが、しそやイチジクもかぶれの原因となり得る。かぶれたと聞いただけで植物を疑う皮膚科医は多い。

「食べられるものだから肌につけても大丈夫」という宣伝もよく見るが、これもまやかしだ。それはレモンやキュウリの例を見ればわかる。

ビタミンCを含むとはいえ、レモンやキュウリのパックは、うっかり日を浴びると、くすみやシミの原因になってしまう。それらに含まれるソラレンという物質が、紫外線を吸収する性質があるからだ。

植物にはかぶれの心配があることは前に述べたが、たとえそれ自体は問題がない場合でも、エキスとして抽出するために使う化学物質が問題だ。アレルゲンのＰＧやＢＧなどがよく使われている。

要するに化粧品に配合されている「植物成分」とは、化学薬品の溶液にすぎない。ＰＧには、「接触性皮膚炎や溶血作用」、ＢＧには、「活性酸素が発生し、シミやシワの原因になる」などの危険性が指摘されている。

また、植物性エキスは成分が変質しやすく、そのため防腐剤や安定剤、酸化防止剤などの化学物質を多量に配合しなければならない。

そもそも「自然・天然由来成分」をうたうこと自体おかしい。薬品や化粧品に使われているものはすべて「自然・天然由来」だからだ。

ヤシ油や椿油などの天然成分を原料にした界面活性剤のほうが安全だというのも正しくない。原料が天然であろうと石油であろうと、基本的には同じ物質だ（追記・2011年11月に「茶のしずく石鹼」の被害が報道された。深刻な小麦アレルギーを発症したのだ。原因となったのは、小麦、つまり自然由来成分である）。

（3）弱酸性洗顔料という無意味なもの

人間の肌は弱酸性だから、洗顔料も同じ弱酸性がよい——こう言われるとつい信じそうになる。だからか、巷には弱酸性をうたった製品があふれている。だが、人間の肌には弱アルカリ性の洗顔料（つまり石けん）で洗っても、しばらくすれば、ちゃんと弱酸性に戻る力がある。そう、わたしたちの肌は賢いのだ。

そもそも温泉のほとんどはアルカリだ。アルカリには古い角質を取る働きもあり、アルカリそのものが肌に悪いわけではない。

ベビー用化粧品の問題点については、93ページを。これらに共通しているのは、いかにも肌によさそうなネーミングだということ。言いかえれば、売る側はわたしたちのそういう錯覚を上手く利用しているということになる。

化粧水も肌を乾燥させる

唇を舐めるとさらに乾いてしまうことは、多くの人が経験済みではないだろうか。じつはこれ、化粧水にもあてはまるのだ。肌にのせた水分が蒸発すると、角質がめくれあがる。その結果、隙間から中の水分まで蒸発してしまうからだ。

ローションパックやナイトスチーマーなどもよくない。した直後は肌の水分量が増えたような気がするだろうが、けっきょくは肌を乾燥させるだけだからご用心。

保湿化粧水はさらによくない。水分が蒸発したあと、揮発しない保湿成分が肌に残り、これが刺激になるからだ。

お風呂あがりに浅いシワが消えたり、肌がしっとりしたりする経験は、誰にでもあるだろう。けれどもこれが、湿気のために肌が保湿されたから——ではないことに、あなたはもうお気づきのはずだ。

肌の表面はしっとりしているが、これはただ濡れているだけ。しっとり感じるわけは、ひとつには古い角質（つまり垢）が洗い流されてなめらかになったから。もうひとつは、身体が温まることによって、新陳代謝が活発になり、血行もよくなり、汗や皮脂の分泌も多くなるからだ。

ここでおさらい・外から何かをつけて肌を保湿することはできない。

ひとこと

甘かった。いったん回復すればそれでおわり、というわけじゃなかった。肌は生きている。だから常にそのときどきの状況に影響を受けるのだ。

医師のアドバイス

合成ポリマーは化粧品の最大目的である使用感のよさと低コスト化には欠かせない成分であり、原料として広く使用されています。化粧品を作る側にとってはとても便利なものですが、肌には大きな負担になり、害があるといえます。

化粧水も肌を乾燥させる

化粧水やローションパック、ナイトスチーマーなどの水分が肌にのっているだけだから、

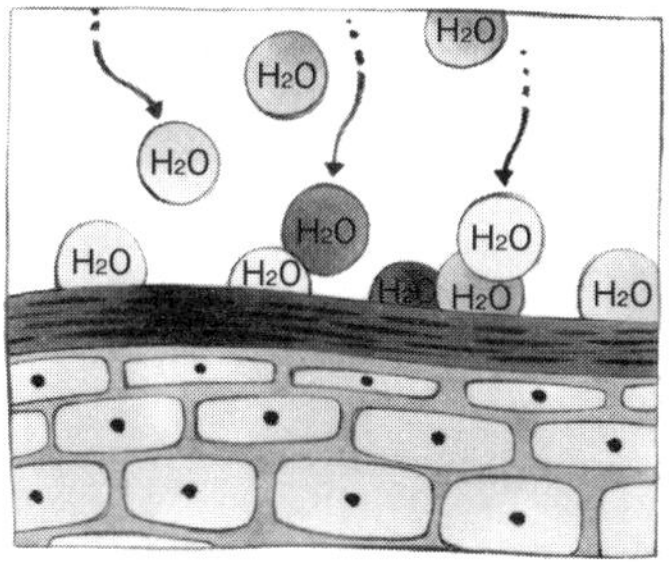

その水分が蒸発してしまうと、角質がめくれあがり、その隙間から肌の中の水分まで蒸発してしまう!!

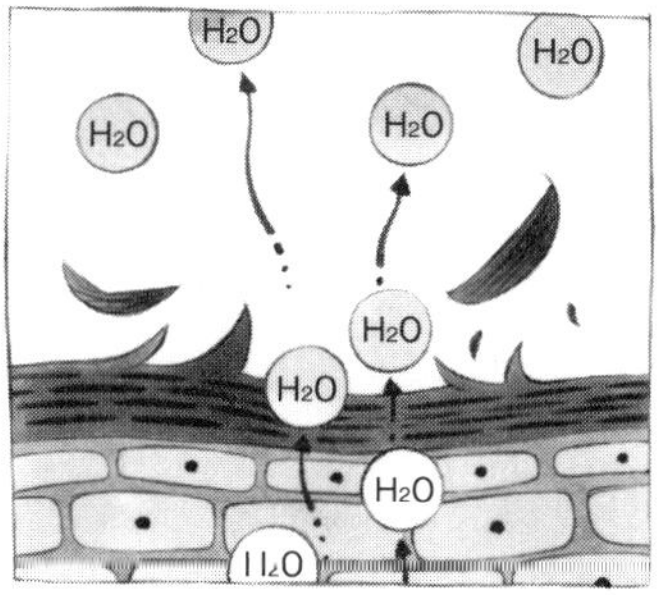

11月

厳しい季節の到来

かさつきがおさまらない。とくに唇の両脇のあたり。

おしろいをはたくと、光の加減でかさつきが目立つ。

手は明らかに変化している。手のひらがカサカサしてきた。ハンドクリームなしで頑張ろうと思ったけれど、手をこするとかさかさと音がするし、人にはちょっと見せたくない。

ということで、人に会うときだけ、ハンドクリームを塗ることに（ワセリンを塗ればいいことにこのときはまだ気づかなかった）。

とはいえ、手の状態も日によって相当違う。マイクロスコープによる診断、6月のすばらしい測定結果、本やネットなどの理論的な裏づけがなかったら、くじけていたかもしれない。

今ごろ、がさがさの肌にあわてて乳液やクリームを塗りたくっていたりして……。そうすればとにかくそのときはしっとりするから。

それはそうと、スキンケアをやめてからというもの、一日家にいるときなど、顔を洗ったかどうかわからなくなることがある。この間は続けて2度洗ってしまった。

年を取っても水分量は減らない

　そんなはずはない――あなたは真っ先にそう思ったはずだ。かつてのわたしのように。朝日新聞の天声人語（２０１０年7月16日）にも「専門家によれば赤ちゃんの皮膚の細胞は8割が水だが、高齢の女性だと5割ほどになるのだという」と書いてあった。ああ、また。こういう影響力のあるところで書かれると、化粧品で保湿しなきゃと思い込む人がますます増えるだろうと、ゆううつになった。

　といっても、ここに書いてあることが全面的に間違っていると言うつもりはない。あなたは、「赤ちゃん」と比べられているのが「高齢の女性」だということにお気づきだろうか？

　さて、もうわたしの言いたいことはおわかりですね？　そう、「女性」はたいていスキンケアをしている。だから、実際に計ったら水分量が少ない人が多いことは容易に想像がつく。しかも「高齢」とくれば、スキンケアをした年月はその分長く、当然ダメージも大きい。

　そんなことを思っていたら、なんとＮＨＫの人気番組『ためしてガッテン』で、年を取っても水分量は減らないことが証明された……。

11月3日　『ためしてガッテン』でも証明された！

今日の『ためしてガッテン』のテーマは「カサカサがプルプルに！　素肌力劇的アップ秘技」だ。ここでいくぶんくわしく内容を再現してみる。番組によると、冬場には女性の８割が肌の水分不足とか。その結果、保湿化粧品に手を伸ばすという。

番組のはじめに志の輔さんが言った。

「カサカサ肌は自分でこしらえている」

「手間ひまかけ、お金を掛けている人ほど陥っている」

そう、まさにその通り！

さて、番組にはＡさん89歳、Ｂさん40歳、Ｃさん23歳の３人の女性が登場。Ａさんは何もしていないが、Ｂさんは、美容フリークで毎日のスキンケアに余念がなく、その費用は月５万円だとのこと。

調べた結果、なんとスキンケアをしていない89歳のＡさんの水分量がいちばん多かった（これは64ページの４大トピックス「年を取っても水分量は減らない」とも一致する）。

いちばん少なかったのは、美容フリークのＢさんだった。

いっぽう、水分蒸散量はAさんがいちばん少なかった。

水分蒸散量というのは自然に出ていく水分のことで、バリア機能が高ければ高いほど少ない。バリア機能の役目は、肌の水分を守ることだからだ。

つまりAさんの肌は、バリア機能が高いということになる。いちばん肌が乾燥しているのはスキンケアに熱心な40歳のBさん。なんと89歳のAさんの3倍もの水分が蒸発していた。

結果が出る前、Bさんはこう言っていた。

「お肌きれいねと言われることがあるので。触って弾力もあるような気がします。水分があるなあと思ってるんですけど」

さて、思いがけない結果に、Bさんは大ショック。どうして？　よいとばかり思ってやっていたのに……。

そうそう。その気持ち、よくわかる。わたしもそうだった。今だからこそ、あれは美容液や乳液のせいでそう見えただけだとわかっているが、あのころは自分で見てもきれいに思えた。いわんや人からほめられたりしたら、疑いなど持たないのは当然だ。

肌の水分量	
Aさん（89歳）	90.3
Bさん（40歳）	60.4
Cさん（23歳）	67.7

水分蒸散量	
Aさん（89歳）	12.4（g/hm^2）
Bさん（40歳）	37.8（g/hm^2）
Cさん（23歳）	19.2（g/hm^2）

そのあとも、興味深い解説が続いた。今思うと、これは「肌の新陳代謝（ターンオーバー）」という、じつに基本的な事実だったのだが、2月以降それなりに勉強していたにも拘わらず、初耳だったことにあらためてショックを受ける。仕事が忙しかったこともあり、基本的なことをおろそかにしていたのがよくわかった。

Aさん、Bさん、Cさんの角質細胞をセロテープでとって調べると、Aさんの角質細胞には核がなく、Bさん、Cさんにはあった。なんだか核があるほうがよさそうに思えるが、55ページの図でわかるように、新陳代謝の際、表皮細胞は死んで角質細胞になるが、このとき核が消える。つまり核があってはまずいのだ。

バリア機能が壊れて皮膚からどんどん水分が蒸発してしまうと、皮膚は危険を感じて、新陳代謝のスピードを速める。その結果「ちゃんと死んでいない（核を残したままの）」未熟な細胞が増えてしまい、肌は厚くなり、くすむ。

赤ちゃんの肌はみずみずしい肌の代名詞だが、1歳2ヶ月の赤ちゃんの肌を調べると、やはりAさんのように核がなかった。

19歳から37歳の女性16人の肌を調べた結果、全員から核のある細胞が見つかったという。となれば、当然肌はかさつく。

この人たちに3週間、片側だけに1日2回保湿クリームをつけてもらい（ほかには何もつけない）、反対側にはつけないでいてもらったところ、つけたほうは、肌の水分量が3倍になり、細胞の核が消えた、つまり正常な状態に戻ったと、番組では言っていた。

肌の保湿の鍵は細胞間脂質と天然保湿因子にある。これらが正常に分泌され、新陳代謝がスムーズに行われていれば（つまりかさつかなければ）、何もつけなくていい。

だが、そうでない場合は、応急処置として油分を与えて保護する必要があるのはたしかだ。保湿剤としてもっとも安全なのはワセリンだ（番組では敏感肌用保湿剤と言っていた）。ワセリンでOK。

また、こすりすぎの害にも触れていた。これはきわめて重要なポイントだ。こすれば天然保湿因子や細胞間脂質がはげ落ちるだけでなく、炎症を起こす。かさつきの原因にもなるし、刺激によってメラニンが増え、肌はくすみ、シミになる。

そして、番組のすすめる解決策は——

(1) こすらない
(2) 一日2回の保湿を続ける
(3) ときにはお手入れをお休みする

これをみて、「ああ、やっぱり保湿クリームは必要なんだ」と思ったあなた。けれども、注意深く論旨をたどっていけば、「スキンケアはいらない」という結論にいきつくことに気づくはずだ。

ここであげられている解決策の(1)は言わずもがなだが、(2)について小野アナウンサーは、「ただし、カサカサしていないかたはつける必要はありません」と、しっかりつけ加えていた。

また、先の16人の実験についても、「あるところまで行けば、自分で保湿成分を出すようになる」と言っている。つまりこれは、「そうなったら、もう何もつけなくてよい」という意味だ。

したがって、保湿クリームはあくまでもかさついているときの応急処置なのだ。「何もつけなくてよい」といっている北里研究所病院でも、乾燥がひどいときの応急処置としてワセリンをすすめている。

そして(3)。思えばこれはずいぶん微妙な言い回しではないだろうか……。

要するに――番組をじっくりと見れば、基本的にスキンケアは必要ないということがわかる。はっきりと言葉にしていないだけだ。

ゲストの地井武男さん（故人）も、「何もつけていないけれど、メイクさんから肌がきれいだと言われる」とのこと。テレビで見る限り、ほんとうにきれいだった。

わたしはこの番組を録画して何度も見た。そしてとてもよくわかったことがある。それは、見るほうにある程度知識があると、番組の見方が変わるということだ。これはすべての番組について言えるだろう。

スキンケアについては、行政もその危険性を指摘している。

東京都生活文化局消費生活部「平成10年度委託調査報告書、化粧品の安全性に関する調査」を見ると、「合成界面活性剤はもっとも細胞への毒性が高く、その濃度が高いと、毎日皮膚に塗ることで慢性刺激性皮膚炎を起こす原因のひとつになりうる。一日二回基礎化粧品を塗ったり、多量の化粧品を毎日塗ることは、障害の生じる可能性を大きくしうる」と記されている。

「一日二回基礎化粧品を塗る」とは、要するにふつうのスキンケアのことだ。

ひとこと

驚いた。89歳の女性がいちばん水分量が多かったなんて！

医師のアドバイス

人間の身体における加齢の影響は、特に皮膚組織に関しては、個人差が大きいと言えます。皮膚における加齢の影響は、後天的な因子によるものが大きくなります。紫外線による光老化は過去より重要視されてきましたが、今やスキンケアがそれ以上に注目すべき老化要因と言えるかもしれません。

12月

さてどうなる？　いよいよ冬だ

肌が乾燥しているのかどうかはわからないけれど、自覚症状はまったくないのでワセリンもつけていない。洗いっぱなしの毎日だ。いよいよ冬将軍のお出ましだ。去年のようにボロボロ皮がむけたり、つっぱってひりひりしたりするだろうか。それさえなければ、肌は確実に回復していることになる。

13日は3ヶ月ぶり、5回目の肌診断。さて……。

12月13日　第5回肌診断

いつものように、矢沢医師によるマイクロスコープによる肌診断。びっくり。なんとあんなに戻ってきていたキメがまた見えなくなっている。これにはショックを受けた。まるで最初のころみたい。

季節や環境によって肌の状態はたえず変化するのだから、別にふしぎではないのかもしれないとは思うが、やはりショックを受ける。

わたしが何もつけていないと言うと、矢沢医師は言った。

「これだけ肌がかさついている場合には、やはり放っておかないほうがいいんです。だからといって、むろん化粧品を使うのはよくありません。保湿剤としておすすめできるのは白色ワセリンのみです。つけ心地はよくありませんが、これは安全です。ひどい部分にだけワセリンを塗ればいいでしょう」

わたしはＮＨＫの『ためしてガッテン』で保湿クリームを塗るようにと指導していた話をした。

「その保湿クリームにあたるのが、このワセリンだと思えばいいんですね。番組では、３週間たってすべての人の水分量がアップしたと言ったあと、小野アナウンサーが、『ただしカサカサを感じていない人は何もつける必要はありません』とつけ加えていました」

「ああ、そんなアナウンスがありましたか。それはいいですね。その通りです」

次に、初めのころの疑問をしつこくもう一度ぶつけてみた。例の「死ぬまでもてば？」だ。

「若いときから肌がきれいと言われてたんですけど（また言ってしまった）、このごろでは自分で見ても、もう前のようにつやつやしていません。もしこちらに伺って確認していなければ、とっくにくじけていたと思うんです。

ですから、何もつけないほうがよいというのを聞いて試してみた結果、前みたいにつるつるでないからと、スキンケアに戻ってしまう人の気持ちはとてもよくわかります。

そういうわたしも、これまではキメがハッキリ戻ってきていたので、よくなっているという実感がありましたが、こんなに乾燥しているとなると、やはりちょっと気持ちが揺れますね。ただ、わたしは理論的に納得していますので、もう少しやってみようと思ってますが」

「たしかにキメは大事ですが、それだけが決め手ではありません」

「わたしの知る限りでは、季節の変わり目には気温差が激しいためにバリア機能が低下する。また、冬になって寒くなってくると毛細血管が縮まって皮膚に栄養がいきわたらず、やはりバリア機能が低下する。

その結果、どちらの場合も肌はかさつきやすくなる。けれども、それと空気の乾燥とは直接的には関係がない――これでいいのですか」

「基本的にはそうですが、空気の乾燥がまったく関係ないとは言えません。たとえば、加湿器を使った暖かい室内にいて、そこから寒く乾燥した戸外に出ると、身体はその変化に追いつけなくて、皮膚はかさつきます」

そうだ、『ガッテン』でも似たようなことを言っていたっけ。でも、これは基本的にはわたしの思っていたのと違わない。彼は続けた。

「スキンケア用化粧品をつければそのときはきれいに見えます。それはすべて化粧品の力です。それでいいというならば、それもひとつの考え方でしょう」

「でもその場合、肌はどうなりますか」

気持ちが揺れて何度も同じことを聞いてしまう自分が情けない。

「弾力を失い、たるみやシワが増えることになります。シミもね」

そう、そういうこと。わたしの場合も、ほうれい線が浅くなったことやあごが引き締まった実感があるし、家族もそう言うのでそれは間違いないと思う。要するにハリ、弾力性が戻ってきたということだ。

インフルエンザ予防だって水だけ

病院の入り口に消毒用のスプレーが置かれていて「インフルエンザの季節なので殺菌力の強いも

のにかえました」との貼り紙があった。この季節、よく見かける光景だ。

たしかにインフルエンザの予防に手洗いはとっても大事だが、ウイルスは粘膜で繁殖するため、粘膜のない手を殺菌する必要はない。手についたウイルスは洗い流すだけで落ちる。

インフルエンザの予防接種を受けに近所の医院に行ったとき、わたしは医師にその話をした。

「ですから、お湯で洗うだけでいいと思うのですが……」

「いや。水でいいんですよ。水で落ちます」

拍子抜けするほど、アッサリした返事だった。

わが意を得たりと廊下へ出ると、洗面台に薬用ハンドソープがあった。あら、どうして？　先生、たった今水で洗うだけでいいって言ってたじゃない。一瞬そう思ったが、すぐにぴんときた。つまり、あれは患者用なのだ。

その気持ちはわかる。もし洗面台に石けんのたぐいが何も置いてなかったら、1年前のわたしなら、ここの医院は衛生管理が不充分だと思ったに違いない――ああ、無知ってこわい。

そんなことを思っていた矢先、テレビからこんな声が流れてきた。

「インフルエンザの予防には手洗いが大事（それはたしかだが……）です。最近アルコールを置いている職場や事務所が増えてきましたが、これは予防に効果があります」

あふれる除菌・抗菌グッズにもの申す

清潔なのは基本的にはいいことだが、なんであろうと行きすぎは問題だ。

現代の暮らしは除菌や抗菌をうたう製品であふれかえっている。

抗菌石けんやウェットティッシュをはじめ、布団、下着、タオル、おもちゃ、シーツなどなど、枚挙に暇がない。

抵抗力のない赤ちゃんや幼い子どもに抗菌グッズばかり与えていたら、免疫力が落ちるのではないだろうか。それから大事な皮膚常在菌も棲みにくくなるのでは？　こんな記事があった。赤ちゃんは何でも口に入れることで多くの菌に触れて免疫力を高めるという。「犬がいる家庭のほうが赤ちゃんが丈夫になる」というフィンランドの研究チームの報告も。それによると、動物との接触で細菌にさらされ、免疫が発達するのではないかという。

さらに興味深いのは、犬が屋外と室内を行き来する家庭ほど健康に育つ傾向があり、その理由として、犬が外で汚れて戻ってくるからではないか、というのだ！

台所の抗菌グッズもたくさんあるが、たとえば、まな板の消毒には熱湯をかけるだけで充分だし、食器も油汚れ以外は水で洗えばよいと、専門家も言っている。

日本人は世界一清潔？

日本人が清潔だというのは、世界的に有名だ。昔ドイツで部屋探しをしたときはこれがプラスした。あちこちで「日本人に部屋を貸すのは歓迎よ、日本人はドイツ人と似ていてきれい好きだから」と言われたからだ。

たしかにそういう面はある。だがこの「清潔」について、当時わたしは大いに首をひねる場面に出くわした……。

当時わたしは大学病院でアルバイトをしていた。そこは、口腔外科、つまり歯やあご、唇の治療をするところだったので、食事がうまく食べられない人が多かった。

はじめ小児病棟に配属された。そこは赤ちゃんが大勢いたので、おむつの取り換えもわたしの仕事だった。

あるとき、たまたま一般病棟の患者さんから「食事をするのでナプキンがほしい」と言われ、ナプキンを取りに行った。だがどこにもない。あるのは、シーツやカバー類とおむつだけ。

看護師さんに聞いてみた。

「ナプキン、どこかしら？」

「そこにあるわよ」

「ないけど」

「あるはずよ」

彼女は、やってきて指さした。ほら。

彼女が指さしたのは、なんとおむつではないか。唖然としているわたしに彼女はいぶかしげに言った。

「どうしたの？　これよ」

「でも、これ、おむつじゃない」

「それがどうしたの？」

そのとき初めて、病院では食事用のナプキンもおむつも同じものを使っていることを知った。これは相当のカルチャーショックだった。

わたしは言った。

「日本じゃ絶対そんなことはしないわ」

「だって煮沸するんだもの。清潔だわ」

そのとき、はっとした。そういえば、ドイツの洗濯機は木綿や麻を煮沸する。色物は煮沸できないので、当時シーツや枕カバーはほとんど白だった（日本と違い、もともと市街地では外に洗濯物を干せないことも理由のひとつだろう。もっとも、日照時間の少ないドイツでは、どっちみち日光消毒はあまり期待できないが)。

当時、日本の洗濯機でそんなものはなかった。今だって一般的ではないだろう。

わたしがそう言うと、彼女は即座に言った。

「あら、そのほうがよっぽど不潔よ」

そう言われてわたしは、ぐうの音《ね》も出なかった。たしかに。煮沸すれば、殺菌される。だから問題ないのか……。でも、やっぱりひっかかる。たとえ殺菌されていても、おむつで口を拭くのは嫌なのだ。

このことは清潔というものに対する文化の違いを考えるきっかけになった。そして、ようやく結論らしきものにたどりついた。そうか、ドイツでは、というより西欧では、清潔かどうかは、科学的に、つまりバクテリアや大腸菌の数で決めるんだ。

でも、日本では違う。気分を無視することはできない。そのとき初めて気がついた。「清潔・不潔」とは、そもそも西欧合理主義的な考えなのだ。それに対して日本ではどうだろう?

昔トイレを「ご不浄」と言っていたように、「浄・不浄」で考えるのではないだろうか。これは科学的な清潔さ云々《うんぬん》より、気持ちが先に来る。浄土などという表現があるのを見ても、この言葉はやはり「清潔」とはニュアンスが違う。東西の文化はかくも異なるのだ。

ひとこと

情けない。またもや気持ちが揺らぎそうになるとは……。

医師のアドバイス

ウイルスと手洗いの関係は、じつは肌とスキンケアの関係によく似ています。そもそもウイルス感染は飛沫感染や接触感染であり、手を洗うだけでは完全な予防にはなりません（もちろん感染リスクを下げる効果はあります）。つまり、手だけを洗浄剤などで過剰に清潔にしても完全な予防にはならず、逆に手荒れを起こしてしまうと感染リスクは高まってしまうでしょう。スキンケアと同様、過剰な洗浄行為は禁物です。

1月

おや？　かさつきが減った

スキンケアをしないのがもうすっかり定常的になって、始終意識から抜け落ちそうになっている。年が明けたので、そうだそうだったと、ひさしぶりにじっくり顔をながめた。

ほうれい線が浅くなった、口角が上がった、あごの線がシャープになった、この3点セットは健在。思えばこれは驚くべきことだ。

くりかえすが、そもそも何も改善されなくても、つまりスキンケアをしていたころと変わらないというだけで成功であり、御の字なのだから、そのうえ肌の状態がよくなったなんてすごい。

しかも、その間、年を取っているのだ。

あとひと月半で、スキンケアをやめて1年になる。

これから、一年中でいちばん寒い季節が始まる。さあ、これからまた去年のように化粧水や乳液に手を伸ばしたくなるのだろうか。あのときはけっこうつらかった。

今のところまったくつっぱらない。もしこれが2月の中旬を過ぎて、つまり、去年とまったく同じシーズンになっても今と同じような状況が続くなら、間違いなく、肌のバリア機能が回復したことなる。

でも手のひらのかさつきはひどい。なにしろATMが使えないのだ。かさかさでタッチパネルが反応しない。初めてそれを知ったときはショックだった。

わたしの場合、肌の状態が一番良くわかるのは手のひらだ。寒くなるとてきめんにかさつくが、お風呂にゆっくり入るとすべすべしてくる。

台所で化石になったシメジ

うっかり冷蔵庫に入れ忘れたシメジを見てびっくり。カサカサにかわいて固く小さくなっていた。まるでシメジの化石だ。乾燥が激しいといわれる冷蔵庫より、キッチンのほうが乾燥しているということか。

バリア機能さえ正常なら湿度を気にしなくてもいいとわかって、ずぼらなわたしは加湿器を使わなくなってしまったので、わが家の湿度は20パーセントを切っている。

このシメジを見ると、たいへんだ、保湿をしなければと焦る気持ちがよくわかる。

でも、お忘れなく――シメジの「肌」にはバリア機能はない。

NHKの天気予報によると、東京ではもうひと月も乾燥注意報が出ている由。

日本には昔から秋田美人とか新潟美人という表現がある。雪国で湿気が多いからだと言われてきたが、これが直接の原因ではないことはすでにお話しした通りだ。

最大の理由はこれらの地方が年間を通じて日照時間が少ないからだろう。

ちなみに2008年の日照時間を都道府県別で見ると、新潟県は45位（1521時間）で下から3番目、秋田県は47位（1465時間）で最も少ない。

美肌の条件は、睡眠・栄養・運動

そう、結局この3つにつきる。美に王道はない。物事は往々にして平凡きわまりないところに落ちつくものだ。考えてみれば当然のことで、この3つは肌にとって大事なだけではなく、健康の源だ。身体によい→当然身体の一部である肌にもよい。それだけのこと。まあ、こう言ってしまうと、身も蓋もないけれど。

(1)睡眠

睡眠不足が肌に悪いことは、今さら言うまでもないだろう。

成長ホルモンは午後10時から午前2時の間、いちばん活発に分泌される。この間に深い睡眠をとらないと新陳代謝がスムーズに行われなくなる。

また、睡眠が不足すると、血行が悪くなり、皮膚に栄養がいきわたらずに、肌荒れが起きる。

そうはいってもなかなか早く寝られないという人も多いはず。わたしもそうだが、そういう場合は、時間はずれても、熟睡できればとりあえずよしとしよう。美肌のために生きているのではないのだから。

それに成長ホルモンは睡眠中のほうが活発に分泌されるが、起きているからといってゼロになるわけでない（成長ホルモンというと何か若いときだけのように思うかもしれないが、量が減るだけで生涯分泌される）。

⑵運動

適度な運動は、新陳代謝を盛んにして血行をよくするだけでなく、体温も上がり、肌にも栄養がいきわたる。よく眠れるようにもなる。

⑶栄養

これも今さら言うまでもないだろう。バランスのよい食事をきちんと取ることは健康でいるための基本だ。したがって肌も美しくなる。

このほか、ストレスも肌に悪いのは言うまでもない。アトピー性皮膚炎の人なども、ストレスがあるとてきめんに状態が悪くなるという。

とは言え、言うは易く行うは難し。わたしの場合、早寝はもちろん、運動も苦手で、近くの30分フィットネスクラブも結局やめてしまった。食事も不規則、間食はしょっちゅうときている。要するに今あげた3つのひとつも達成できていない。でも、くどいようだが、スキンケアをやめるだけで肌は甦ったのだ。化粧品がいかに大きなダメージを与えているかがわかる。

まだまだ修行が足りない

今日（24日）はまったく皮むけがない……ということは、湿度が高いのかもしれない、と思わず湿度計を見てしまったわたし。うーん、なんということだ。刷り込みから脱するのは、これほどに難しいものなのだろうか。ちなみにわが家の湿度計は、18パーセントをさしていた。

今日具合がよいのは、たぶんひさしぶりにたっぷり眠ったからだと思う。このところ、ベッドに入るのは遅いのに、朝早く目がさめる日が続いていたが、今日は9時半ころまでぐっすり眠れた。口のまわりのかさつきもごくわずかだ。去年はずっとひどかった。いちばん大きな違いは、何もつけずにいて平気なこと。去年は化粧水やクリームをつけたい気持ちとたえず闘わなければならなかったが、今はかさついても、気にならない。ただ、かさつきをそのままにしておくのはよくないと言われたのを思いだして、ワセリンをつけなくちゃと思うけれど、やっぱり忘れてしまう。

美容院に行った。シャンプー剤はむろん髪に悪いが、ときどき（1～2ヶ月に1度）だし、もともともとあまりストイックな生活は好きではない。

ひとこと

すごい！　湿度18パーセントの室内でも、まったくつっぱらない。

医師のアドバイス

多くの女性は、髪を傷めないように気を遣うと思いますが、同じように頭皮にも気を遣うことが大切です。洗髪用品にも刺激性の成分は含まれており、頭皮に対するダメージは頭皮から続く顔の肌にも影響を与えます。シャンプーやリンスなどもやめるとよいでしょう。

2月

ついに2月。14日で丸1年になる

14日に6回目の診察で北里病院へ行く予定だ。今回2度目のVISIAを受けて、昨年6月の結果と比べることになっている。たとえよくなっていなくても、悪くなっていない限り、スキンケアはいらないという結論には変わりはないことになる。

4日。手のひらがなめらかで、ワセリンなしでもいられる。考えられる原因は——
⑴気温。今日は予想最高気温が13度。この季節にしては異常な暖かさだ。
⑵睡眠が足りている。昨晩珍しく12時にベッドに入った。
頰も粉を吹いていない。ただ口のまわりの皮むけはあいかわらずだ。

5日。眉の間の皮がむけている。睡眠不足だが、かさつかない。つっぱり感もなし。
今まで「冷たくない水」で洗顔していたが、明日から冷水にしてみることに。
湯上がりのかゆみは、ワセリンで驚くほどよくなった。もっと早くやればよかった！

6日。冷水で洗顔する。猛烈に冷たい。洗ったあと、かゆみが出てきた。まずいなと思いつつ、とりあえずようすをみる。しばらくするとかゆみが治まったので、続けてみることにした。

7日。水洗い2日目。今日は3月上旬の気温だとか（予想最高気温14度）。そのせいか、かさつきはない。冷水で洗ったせいなのか、気温なのか、はたまた8時間も寝たからなのか、あるいはその合計なのか、それはわからないが、とにかく非常に具合がいい。

ここでひとつ気がついたことがある。気温のことだ。たしかに今日はとても暖かいが（3月上旬の気温）、ひどい皮むけで北里病院へ駆けこんだのも去年の3月上旬だった。去年の2、3月の気温は今年と同じかむしろ高かった。だから、基本的に同じ条件だと考えてよいことになる。

8日。睡眠不足。ただし頬はまったくかさついていない。

12日。冷水で洗顔するのはやはりつらいので、以前のように「冷たくない水」に戻した。なんであれ、無理しないのがモットーなので。

2月14日　第6回肌診断

VISIAの測定を申し込んである。さて、どんな結果になることやら。

まずいつものようにマイクロスコープで肌診断。キメも戻りつつあり、まあよい状態だとのこと。

矢沢医師に尋ねる。

「皮脂も水分量も年齢とともに減ると、たいていの本に書いてあるんですけれど、弾力性以外は減らないという資料を見ました。これについてはどうでしょうか」

「もしまったくスキンケアをせずに過ごしていれば、そうかもしれません。でも実際には、ほとんどの人が何かつけているでしょう。ですから、年を取るにつれて皮脂量や水分量が減ることはありえます」

やっぱり。大いに納得する。「ガッテン」のAさんを思い出す。89歳なのに20代の女性より水分量が多かった。

それからシミと紫外線についてふたたび質問。5月の診察で言われたひきつれはもうないとのことで安心する。

「成人前に一生のうち浴びる紫外線の半分以上を浴びてしまうというのは本当ですか。そのときのダメージがずっとあとになってから出るというお医者さんもいます。シミには潜伏期間があるんでしょうか。たとえば30歳を過ぎてから浴びた紫外線のツケは、ずっとあとに出るとか？」

「老人性色素斑（紫外線が原因でできるシミ）についてだけ言うなら、基本的にはそうです。紫外線が肌によくないのは間違いありませんが、いずれにしてもふつうの生活では日焼け止めクリームはいりません」

ＶＩＳＩＡによる測定②――えっ、まさか？

さて、ふたたびＶＩＳＩＡで測定する。おお、すばらしい！　予想以上だ。パソコンの画面の左右に前回と今回の画像が並び、比較してみることができる。前回は6月16日。バリア機能が高いときだ。いっぽう今は最悪。だから、前回に比べて悪くさえなっていなければと思っていた。

ところが――すべての項目で数値がアップ。6月が69〜87だったのに対し、79〜96に上がった。キメは大幅に改善され、シワも毛穴も減った。このふたつは肌の弾力性に関係がある。

スキンケア用化粧品が、界面活性剤のためにシワとたるみを招くことを考えると、この結果は大いにうなずける。つまりそれをすっぱりやめたために弾力性が戻った、つまりハリが増したのだ。前回の測定から8ヶ月たったのだから、その分の老化も考慮に入れるべき。それを考えるとますますすごい。

わずかながらシミも減っている。日焼け止めをつけなかったうえに、日差しの強いラオスの町を10日間も歩き回ったというのに！

それにしても、何もつけない日々。それで数値がこんなに上がったなんて。しかもくすみが減ったせいか、明るさもアップした。

正直いってこの1年の間には、やはり何度か不安と迷いが頭をよぎった。あまりスキンケアをし

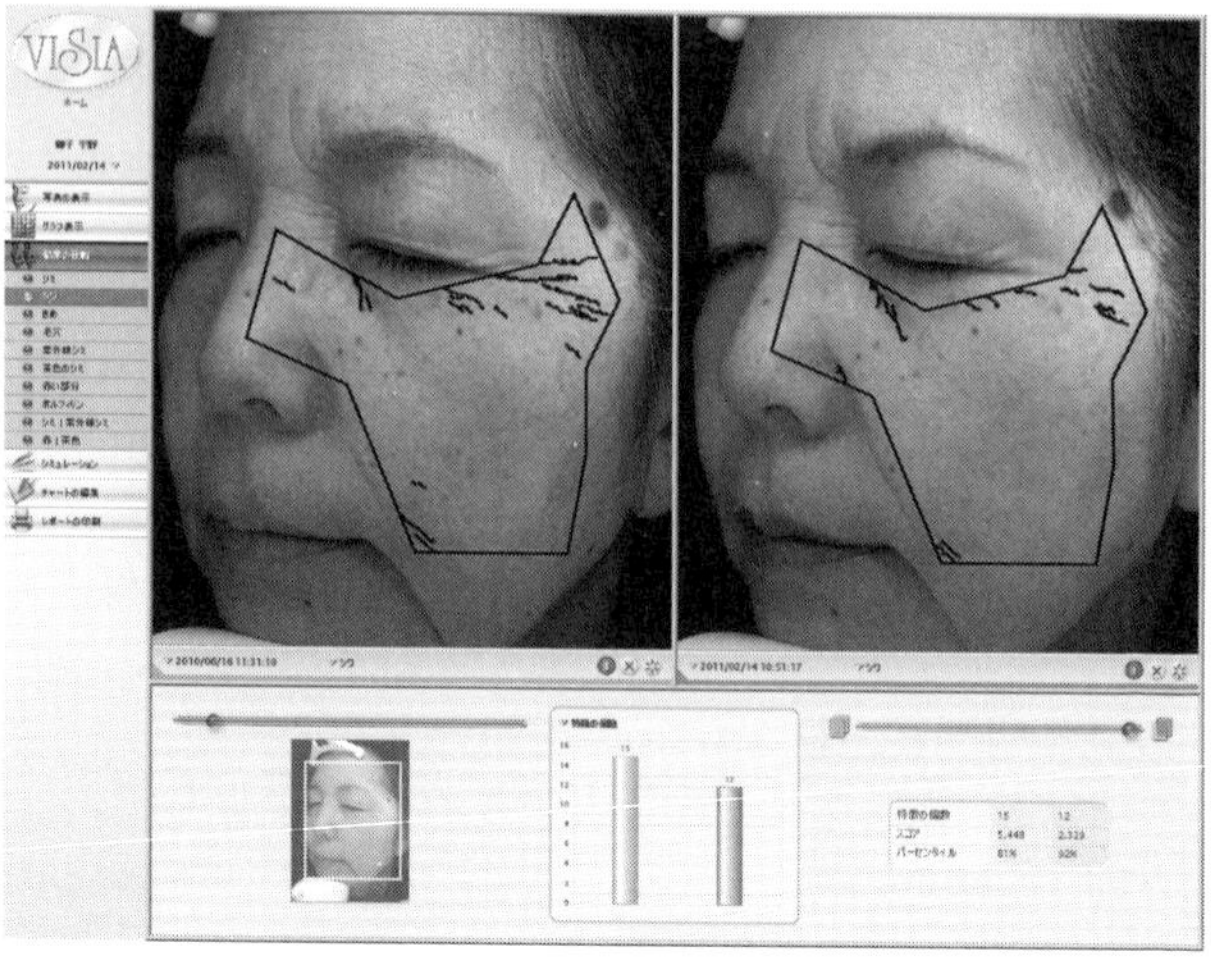

2010年６月　➡　2011年２月

シワが減った！

VISIAの数値の変化

丸囲みの数字は、個数。したがって少なくなっていれば良好。

丸囲みでない数字は、パーセンタイル。同年代女性の平均値を50とした場合の、偏差値のような数値。したがって、数値が高くなっていれば良好。

わたしの場合、いずれも良好な結果に。

		2010年6月	2011年2月
右側	**キメの乱れ**	719	478
		75	87
	シミ	69	67
		78	79
	シワ	14	8
		87	96
	毛穴	341	301
		81	85
左側	**キメの乱れ**	807	510
		71	85
	シミ	88	83
		69	75
	シワ	15	12
		81	92
	毛穴	382	311
		78	83

（上の VISIA のカルテは、北里研究所病院美容医学センター提供）

ないようにといっている本でも、保湿美容液や日焼け止めクリームくらいはすすめているし。でもこれを見て、やはり間違っていなかったのだと心から安心し、自信をつけた。

ひとこと

ウソみたい！　こんなに回復したなんて。

医師のアドバイス

スキンケアをやめて1年間、根気よく続けたことで良い結果を生むことができたと思います。肌そのものの改善がシワや毛穴の改善になり、ひいては老化の予防にもつながります。これからもっともっと、年々、よくなります。美しく年をとるということは女性の共通目標ですが、それは本来持っている自分の肌を健康に保ち続ける、ということに他なりません。

3月 ——スキンケアなしの1年間を終えて

寒い！　まるで真冬だ

寒風吹きすさぶ2月にまったく肌の乾燥を感じなかったのに、3月になってから2度ほどワセリンをつけた。肌のバランスを崩す季節の変わり目に入っていたからだろうか。

最近の気温変動はすさまじい。真冬（雪まで降った）と春の陽気が交互、それも1日単位でくりかえされる。だから身体がついていけないのだろう。

真冬並みの気温で、しかも猛烈に風が強い日に外に出たら、顔がまるで切られるように冷たく、痛い。こういうときにはワセリンを塗って出たほうがいいんだろうなと、今さらのように思う。

とにかく、何ひとつつけずにやってみたい、という気持ちが強く、この1年、手のひら以外はワセリンすらほとんどつけなかった。

でも、それなのに2月14日の数値がすばらしかったということは、それでいいという何よりの証拠だ。

お湯だけのシャンプーも始めて1年近い。本当にウソみたいにかんたんだ。髪の毛の状態については測定していないのでわからないが、少なくともわたしの感じでは何も気にならず、見た目も前と変わりない。

けれども、もし、髪の毛の水分量だのキューティクルだのを経過観察していたら、きっとよい結果が出ているような気がする。はっきり改善したことがあるからだ――抜け毛が減った。

メイクの実験

あらたまった外出が続くことになり、何度かメイクの実験をした。メイクはすべて以前と同じ。したがってリキッドファンデーションを使用。違いはスキンケアの方法のみ。

3月1日　前の晩と当日の2回スキンケア

前夜、いつものように水で洗顔したあと、化粧水＋美容液＋ナイトクリーム。洗顔料をはじめ、買い置きのスキンケア用化粧品もほとんど処分してしまったが、「ここ一番」用に美容液、ナイトクリーム、下地クリームをそれぞれ1瓶ずつとっておいた。化粧水は未使用サンプルがあったのでこれを使う。

つけてみると、しっとりした気がするし、つやが出ているのがわかる。

さて、翌朝、顔を見る。つやがあると思ってよく見ると、ゆうべつけた美容液やクリームがうっすらのっているのがわかる。口のまわりも粉が吹いていない。

洗顔すると、1年ぶりにつるつる感を味わう。ははん、これが顔の表面にのっている潤い成分か（言うまでもないが、肌そのものがつるつるになったのではない）。前はいつもこういう手触りだったなあ、としばし感慨にふける。

ふと林真理子さんのエッセイを思いだす。ずいぶん昔のものだが、旅先でのエピソードだ。ホテルに入って化粧品を忘れたことに気づいた林さんは、バターひとかけらを頼むが、忘れられてしまう。肌は完全にこわばってきていた。そのとき突然、コーヒー皿に添えられた「スジャータ」を見つける。

「これを天啓と言わずしてなんといおうか。コーヒーミルクを塗りたくって、私の肌は、ほっとため息をついた。それどころではない。翌朝もやたらツルツルしているではないか。はっきり言って私は腹が立った。言ってはナンだが、私は毎晩一瓶8000円也の栄養クリームをつけているのだ。それとたかだか二十円ほどのミルクと同じ効果があってよいものだろうか」（『週刊文春』84年5月17日号）

そう、そういうことなんですよ。

さて、以前と同じ手順でメイク。化粧水＋美容液＋下地クリーム＋リキッド＋パウダー。

おや、以前「お肌ぴかぴか」とほめられた肌がたちまち完成した。肌そのものはこの1年で飛躍的に回復したので、その意味では以前よりきれい（に見える）かもしれない。

そのあと、ひさしぶりに美容院へ。席に着いたとたん、担当のオノさんが言った。

「あら、きれい。メイク変えたんですか」

さすがプロ。鋭い。それにしても化粧品の力は半端じゃないなと、あらためて感心する。

こうしてみると、いつもの「素肌＋おしろいorパウダーファンデーション」とはやはりつや感がハッキリ違う。でも、今回気づいたことがある。それは、こうすると「ばっちりメイクしてます」感は避けられないということだ（実際にそうなのだからしかたないが）。

だとすると、これはどうしてなかなか微妙だ。つまり、「きれいにメイクしている」とか「きれいにしている」というのは、必ずしも「きれいだ」という意味と同じだとは限らないからだ。

こうなると、けっきょく「好み」の問題に行きつく。たとえ「いくらか人工的でもきれい」に見えるほうがいいか、「自然でさわやか」なほうをとるか。いずれにしても、肌に悪いメイクでもたまにならば、人生の楽しみとして続ければいいと思う。

夜は、いつものように水とワセリンでポイントメイクを落としてから、純石けんで洗顔。リキッドを落とすためだ。

翌朝。鏡を見る。きのうの朝のようにぴかぴかはしていない。水洗顔。きのうのようなつるつる感もない。といっても、スキンケアをやめてからしばらく続いたようなざらり感はとっくになくなっている。つまり「ふつうに」すべすべしているということ。

洗顔後。鏡を見る。いつもの顔だ。口のまわりも少し粉が吹いている。でもつっぱり感はまったくないので、ワセリンもつけない。きのうの朝のようなつや感はないが、どこかしら元気な感じがする。これはスキンケアをやめてから幾度か経験したふしぎな現象だ。

3月5日　当日のみのスキンケア

前の晩のスキンケアはなし。したがって、朝、顔を洗ったときのつるりとすべる感じもない。それから以前と同じスキンケアとメイク、つまり化粧水＋美容液＋下地クリーム＋リキッド。やはり前回のほうがしっとり見えるように思うが、そこそこの出来。

3月9日　スキンケアなし

洗顔後、いきなりリキッド。しっとり感はさらに少ないが、それでもパウダーファンデーションよりはきれいに見えるような気がする。

前にも書いたが、見かけだけで言えば、化粧品の力はやはり侮れない。スキンケアをすれば、一時的にはあきらかに美しくなる。ファンデーションについても同様で、肌に悪いものほどきれいに見える。

ここでおさらい・肌がしっとりするのは、ヒアルロン酸とか植物エキスなどの保湿成分のためだ。しかし、たとえその成分そのものには保湿効果があっても、界面活性剤やエキスの溶剤などのために、結果的に肌を荒らしてしまうことになる。

つやとぴかぴかのほうは、合成ポリマーの働きだ。言うまでもなく、これもとても肌に悪い。ポリマーは肌を合成樹脂の強力な膜で覆ってバリア機能を狂わせ、皮膚常在菌も追いだしてしまう。

どうする？　今後のメイク

1　ベース——肌によい順に

水洗顔のあと、

1　何もつけない
2　おしろい
3　パウダーファンデーション
4　リキッド＋パウダー

5　下地＋リキッド＋パウダー

ここでおさらい・紫外線の気になる季節（3〜10月）の10時から15〜16時ごろまでに外出する場合は、2のおしろい、あるいは3のパウダーファンデーションをはたくことをおすすめする。日焼け止めは原則使わないが、アウトドアスポーツや海、山へ行くときには、ワセリンを塗ってからノンケミカルの日焼け止めをつけるとよい。

さて、わたしの提案を。

a　「ファンデーションは好きじゃないけど、すっぴんではちょっと」という人

1を。

すっぴんでは行きにくいという職場も、どうやら思った以上にあるらしい。日本にはまだ、「メイクは身だしなみ」という感覚があるからだろう。

そういう人は、洗いっぱなしの顔にポイントメイクを。これだけで、メイクした感じが出る。つまり顔に色があると、メイクしているように見えるのだ。

b　「薄いメイクを」という人

2か3を。

おしろいやパウダーファンデーションでも、モイスチャー効果やUVカット効果をうたっている品は添加物が多い（あるメーカーのおしろいは成分数22。パウダーファンデーションは46。少ないものでも30くらいはふつうだ）。できるだけ成分数の少ないものを選ぼう。

現在わたしが使っているのはミネラルファンデーションで、成分数はたった4。

ごくおおざっぱに言って、成分数（添加物）が少ないもののほうが安全だといえるだろう。こう言うと、いくら成分が少なくても毒性が強いものが使われていればバツで、多くても穏やかな成分ばかりならマルのはずだという反論があるかもしれない。ごもっとも。

だが全成分表示（137ページ参照）を見たって、一般消費者には何のことやらさっぱりわからない。だから、数はやはりひとつの目安にはなる。もっと正確に知りたければ、ネットで調べたり専門家に尋ねたりすればいいが、わたしは成分の数で間に合わせている。

c　やっぱりメイクが好きという人、あるいは「ここ一番」というときに

4または5を。ただし、あらかじめワセリンを薄く塗っておくとよい。

前に述べたように、メイクは気分転換になるだけでなく、その効用だってばかにできない。それにスキンケアと違って、メイクしている時間は限られている。

たとえば、フルタイムで働いていて、週に5日メイクをするとしてみよう（1日14時間としてみた）。週末と国民の休日を合わせると年間の休日は、およそ１２０日（これに年末休暇や夏期休暇が加わるから、実際にはもう少し多いかもしれないが）。これで計算すると、メイクしている日は２４５日、時間の合計は、約３４３０時間。年間は８７６０時間だから約39パーセントになる。この数字をどう考えるか、それはその人次第だ。

これはフルタイムで働いている女性の場合なので、実際にはこんなに長い時間メイクしていない人も多いと思う。また、帰宅してすぐメイクを落とせばさらに時間は少なくなる。メイクを落としたあとの「お手入れ」がいらないので、以前より気楽に落とせるのでは？

わたしは居職なのできちんとしたメイクをする回数はとても少ない。せいぜい週１〜２日。週に２日として単純に計算すると、年間で１０４日。時間の合計は１４５６時間で、約16・６パーセントとなる。

記録を見たら、昨年リキッドをつけたのは65日だった。時間は同じく14時間で計算すると、年間の10・３パーセントになる。

昼から夕方にかけて出かけることが多いので、メイクしている時間は実際にはもっと少ない。また、以前と違って帰宅してすぐメイクを落とすようになったので、時間はさらに短縮されている。前は寝るまで落とさなかった。「メイク落としとスキンケア」がセットになっていたからだ。

2　ポイントメイク

好みもあり、大して肌の負担にはならないので、そんなに気にせず好きなものを選んでよいと思う。

ファンデーション同様、水分の少ないほうがいいので、なるべくパウダータイプを。

口紅を塗るときには、下地にワセリンを伸ばしておこう。滲み防止にもなる。

けれども肌の弱い人や毎日長時間メイクする人は、成分数の少ないものを。

3　メイク落とし

ポイントメイクは水かワセリンをコットンか綿棒につけて、そっとぬぐう。きっちり落ちなくても気にしないこと。垢と一緒に自然に落ちる。リキッドやパウダーファンデーションは、純石けんで泡洗顔。おしろいなら、水洗顔（ただし、わたしは水で落とせるパウダーファンデーションを使っている）。水といっても、正確にはぬるま水で。

くれぐれもこすらないこと。

「こすらない」といえば、服の選び方も変わった。タートルやかぶりの服を減らし、前あきのものを増やしたのだ。着たり脱いだりするとき、うっかりすると顔をこすってしまうからだ。

むろん、外出着の場合は好みやスタイルが優先するが、普段着は、なるべく前あきや襟ぐりの大きいものを着るようにしている。

その後の友人たち

いくつかうれしい報告があった。それまでいくら美白化粧品を使ってもダメだったシミが、スキンケアをやめた結果、1年たたないうちにはっきりと薄くなったという人。また目の下のたるみがへったという人も。

スキンケアをやめた人たちからの報告は、初めはちょっとつっぱったが、そのうちに気にならなくなったというものがほとんどだ。

むろん、その人たちの肌の状態もよくなっているはずだが、キメそのものは肉眼ではわからない。どうやらみな、わたしほど苦労しなかったようだ。初めての診断で、「うわあ！ 傷んでますねえ」と驚かれたくらいだから、わたしの肌の状態がとくに悪かったのだろうが、今思うに、始めた時期も悪すぎた。なにしろ2月15日、一年のうちでも最も寒い時期だったから。

始めるなら、季節のよいときをおすすめする。

お湯だけのシャンプーについては、まったく問題ないという人がいるいっぽう、やっぱりときどき石けん、あるいはシャンプー剤を使わないと気持ち悪いという人もいる。夏、汗をかく季節がいちばん気になるようだ。ときどき使う分にはかまわないと思う。

なんでも完璧にすることはないのだ。かく言うわたしだって、美容院に行ったときにはふつうにシャンプーしているのだから。

大丈夫、あなたの肌は賢い。

ああ、せっかくの健康な肌を！　男性と子どものスキンケア

1　男性

女もすなる化粧といふものを、男もしてみむとてするなり——というわけでもないだろうが、近年男性化粧品の売れ行きが大幅に増えているという。

２００３年、新宿伊勢丹は全国初の男性化粧品売り場を設けた。そのころから各メーカーは、男性向けのスキンケア商品を本格的に売り出した（追記・２０１４年の男性用化粧品の売り上げは前年比なんと１・７パーセント。全体の伸び［０・６パーセント］を上回った。２０１５年10月9日矢野経済研究所による）。

すでに述べたように、男性はスキンケアをしていないのに「つっぱらない」。いや、正確にいえば（ニキビなどの治療はともかく）スキンケアをしていないから、「つっぱらない」、つまり健康な

肌を保っているのだ。

　せっかくの健康な肌をどうかスキンケアによって傷めつけることのないようにと、祈るばかりだ。

2　子ども

　一口に子どもといっても幅が広いので、ここでは、小中学生にしぼって考えてみたい。いささか古いデータだが、資生堂の調査によれば、２００５年当時、すでに小学校中学年で８割、小学校高学年から中学生のほぼ全員がスキンケア化粧品を使用しているという。年が若ければ若いほどスキンケアのダメージは大きい。現に今の若い人たちの肌は、わたしたちの世代より乾燥しており、老化も速いという。

　それにしても、今の親たちはなぜ子どもにスキンケアやメイクをさせることに抵抗がないのだろう。少子化による子どものペット化とか友だち親子などと言われているが、親子関係の変化もひとつの原因かもしれない。

　せっかくのみずみずしい肌に化粧水やクリームをつけるのだけは、どうかやめてほしいと切に思う。それくらいなら、ごくたまにメイクをするほうがよほどましだ。

　今の子どもたちが、若いうちから乾燥やシワに悩むことのないように祈るばかりだ。

すべてを物語るもの――それは

いろいろな疑問が噴出した1年だった。まだわからないことがあるけれど、もともとすべてが解明されているはずがないのだから、しろうとのわたしにわからないことがあるのはあたりまえだ。

ただ、あらゆる理屈や疑問を超えて厳然と存在するのは――スキンケアを完全にやめ、水だけで顔を洗って1年たち、肌が荒れるどころか、すべての面で回復したこと。

それがすべてを物語っている。

宇津木龍一医師との「肌断食」対談

平野（以下、**H**）：宇津木先生のご著書『「肌」の悩みがすべて消えるたった1つの方法』、こちらを読まれた方が、わたしの『肌断食』をその実践編として読んでくださったようです。

宇津木（以下、**U**）：どうもそのようですね。わたしの患者さんにも、平野さんの愛読者がたくさんいます。

――宇津木先生のご本が刊行されてからの反響はいかがでしたか？

U：読者の方たちからは「先生の本に出会って良かった」「スキンケアはしなくてもよいと、よくわかった」などと、感謝されましてわたしも嬉しかったのですが、一般的にはまだまだ……、そんな感じですね。

そこで、少しずつでも啓発していこうと思い、今年（2016年）、国際美容外科学会で「形成外科的スキンケアとその効果」というタイトルで発表をしました。

発表後に、化粧品をやめた肌が年単位で良くなっていく写真は大変衝撃的で驚きました、という感想もありましたが、そのセッションの座長をしていた、ブラジル人の皮膚科の女医さん（スキンケアの専門家です）は、「あなたの言うことはおかしい、肌が悪くなってしまうのは、日本人が不適切なローションやクリームを使っているか、使い方が悪いせいで、適切なローションやクリームを使えば肌はよくなるはずだ、少なくとも悪くはならないと思いますが？」との意見を述べられました。

そこでわたしは「化粧品に適切な化粧品があるとは思えません。それはほとんどの化粧品は界面活性剤を含むからです。考えてもみてください。保湿バリアーを破壊する界面活性剤を皮膚に塗り続けることは肌に良いことだと思いますか？　先生は、スキンケアの効果をマイクロスコープで観察したことがありますか？」と反論しました。

そのあとで、医療用スキンケア用化粧品などを世界に販売している、ある有名な会社の社長さん（60歳後半くらいの白人男性）が来て、「非常に興味深くあなたのお話を聴きましたが、わたしは自社のクリームを30年来使っています、自分で実践しているんです。みんなに若くて綺麗な肌だと言われます」とおっしゃるんです。

確かに見た目は年齢の割にはシミもなく良く手入れが行き届いた小ぎれいな肌でした。でも近くでじっくり見るとちょっと萎縮して老化してるようにも見受けました。そこで「マイクロスコープでご自分の肌をご覧になってみたらどうでしょうか。一目で肌の健康状態はわかりますから」とお話ししたんです。そんな具合に誰もが、化粧品をつけたほうが肌がきれいになると頭から信じ込んでいる――つくづくそう思いましたね。

H：皮膚科医の先生たちは、化粧品はつけないほうがいいとわかっていても、化粧品会社の顧問をしたり、開発にかかわったりしているために、そう言えないのではないでしょうか？

U：うーん、それは一概には言えません。皮膚科医は肌の病気を治す専門家なので、ノーマルな、病気ではない普通の肌のケアについてはあまり興味がないのだと思います。

軟膏をはじめ、クリームやローション（基剤という）は、皮膚のバリアを壊して薬の成分を皮膚に入りやすくするために使われています。

そこで、質問です。「では、そのバリア（保湿バリアでもある）を壊してしまうクリームやローションを使って毎日保湿するというのは、理屈にあわないと思いませんか？」

平野さんなら、おわかりになりますね？

H：そうですよね。病院で使うクリームやローションの場合は、薬用成分を浸透させるために、あえて皮膚のバリアを壊すわけですけど、化粧品のクリームやローションも同じ作用をするということなんですよね。このことに、ほとんどの人は気がついていないんですね。わたしも昔は知らなかったので、人のことは言えませんが。

でも、皮膚の専門家が知らないというのは……、

U：それは皮膚病ではなく皮膚が健康な人のためのスキンケアについて学ぶ人は、化粧品関係であれ医者であれ、もちろん皮膚科医も、化粧品会社の顧問医師や研究員など関係者が書いた教科書でスキンケア理論を学ぶからですよ。結局それは化粧品を使うことを前提としたセオリーなんですね。化粧品会社から給料も研究費ももらって研究している人たちが書いたものですから、化粧品を悪くは書けないのはあたりまえですよね。そもそもスキンケアの領域は教科書がそうなっているので、しかたがないです。

化粧品会社の研究員達は、熱心で優秀ですし、大学なんかより研究費が豊富ですから、たくさんの実験や研究を重ねたデータを持っています。その中には、化粧品のマイナスになるデータもあるわけですが、立場上マイナスな話はいえませんよね。化粧品会社に都合のよいデータを集めて作られたスキンケア理論を説明されると偉い皮膚科の教授達でも太刀打ちできないわけです。偉い医者

ほどエビデンスによわいですから。それに医学にはスキンケアの歴史がありませんしね。

この10年くらいなんですよ、健康な肌というより病気ではない肌（ぼくに言わせるとシミも病気なんだけど）、シミやシワ、ニキビもそうかなあ、そういった症状に関して皮膚科医が興味を持ちだしたのは。なぜかというと、レーザーでシミを安全に、確実に取ることができるようになったからなんです。それまではシミは、医学でも治せませんでしたからね。

今はシミが治せるようになったため、その後に、カサカサするから何かつけるものはないかと化粧品会社に聞いたわけです。

そうすると化粧品会社からは「保湿したほうがいい」と言って商品を勧めてきます。保湿剤と日焼け止めクリームに関しては、シミのレーザー療法が一般的になったあと、治療後のケアとして急発展してきた経緯があるんですよ。

スキンケアビジネスが急成長したのは、医者が患者さんに化粧品を勧めたら必ず売れることも大きな要因です。化粧品は儲かりますからね。

H：ああ、そうなんですか！　たしかにレーザー療法をすると一種の軽いやけど状態になるそうですから、そのあとの保湿が大事でしょうし、シミの予防のためには日焼け止めが効果がありますからね。

U：それで、「ああ、それなら日焼け止めもつけたほうがいいんだね」と言うことになってきたんです。

今から十数年前に美容皮膚科の教科書を作る編集委員をさせていただいたことがあります。（わたしは形成外科・美容外科の領域が担当でしたが）その委員会でこんなことがありました。編集委員長に「スキンケアの章については誰に書いてもらいましょうか？　誰か書けそうな人はいませんか」と聞かれたんですね。しかし、そこには4人の皮膚科教授がいらっしゃいましたが、候補となる皮膚科医の名前は挙がらず、委員長は「それではいつもの通り化粧品会社の研究員のだれかに執筆してもらうしかないですかね」ということになりました。

その時わたしは、化粧品会社の方が書くとなるとやはり化粧品会社の理論で書かざるを得ないですから、できるだけ医学的に書いたほうがよいと考えたので、やけどや床ずれの治療やケアについて熱心にされているある形成外科教授を推薦しました。結局、スキンケアについてはやはり化粧品会社の研究者が良いだろうという意見にまとまりましたが、わたしは、スキンケアという、肌の健康を守るために一番基本的な領域について語ることができる医者が皮膚科医の中にもいないということにとても違和感を覚えたことが思いだされます。

H：専門家でも知らないんだ、と思うことはあります。たとえば、新聞や雑誌なんかで医師や薬剤師の談話として、日焼け止めのＳＰＦ値は数値が高いほうが効果があるなどというのをよく見ます。これは効果の基準というよりは、持続時間の違いですから、間違いですね。でも、そういうことを指摘しても反応はありません。

U：マスコミは、化粧神話からなかなか覚めないですね。わたしも、あまりにも内容が間違っていたので、指摘したことがあります。でも「みんな、そう信じていますから」という理由で却下されたことが何度かありました。

それなら、両方の意見を書いたほうがよいのではないかと申し上げても、なかなか通りませんね。医学というのは個人差があるので絶対、ということはないのだから、ケースバイケースの意見を出して行くべきだと思うんですがねえ。

佐伯チズさんのスキンケア法にコメントをする、という依頼を受けたこともありました。その時わたしは、一方的なコメントを寄せるのではなく佐伯さんとディスカッションをさせて欲しいと申し入れました。そうしたら、その企画は頓挫してしまいました（苦笑）。

化粧品信仰から抜け出すことの難しさ

H：「スキンケアをしないと肌が荒れる」という強力な刷り込みから自由になるのはとても難しいですね……。

U：ほんとうにそうです。わたしの本を読んでくれた人はかなり多いと思いますが、それでもまだまだ。やっぱり、圧倒的な情報量の違いがありますね。ほとんどすべての女性誌は化粧品推奨の記事のオンパレードですし、ほとんどの読者はそれしか読んでいません。化粧品の情報に興味があって読む読者でも、化粧品の害についての情報はほとんど見つけられない状態です。

逆に一般の人は、何か特別な肌のトラブルがない限り、わたしの本を読もうとはしないし。情報源であるテレビや雑誌、新聞では――世界中そうですよね――スキンケアは「当然化粧品でするべきもの」というのが前提になっています。それに疑問を抱いたり、変えようなんていう気持ちはみじんもないわけです。

最初に疑問というか、毎日自分がやっていることは正しいのかな、と立ち止まることが出来る人はいいのかもしれませんが、そうでなければ、最初から変える気などないんですよね。つまりこれはマインドコントロールなんですよ。

きれいな肌を保つのに、今よりもっといい方法があるのなら変えてもいいかな、と思ったとしても、そこまでの大変換をする「動機がない」というか……。正しい情報が知らされていないことが問題だと思います。

H：そのお話、自分のことを考えても、とてもよくわかります。先生が北里研究所病院で美容ドックを始められたとき、来院された女性たちのほとんどが特に肌トラブルを感じていなかったそうですね。それなのに8割以上が重症の乾燥肌だったとか。わたしもスキンケアをやめたのは、ほんの気まぐれからでした――今思うと、あれは天啓であり、天恵だったような……。それまでは、何も問題がないどころか、肌はきれいなほうだと思っていました。ところが実際は、キメがすべて消えたひどい状態だったわけです。このあたりに化粧品の魔力を感じます。

きれいな肌とはどういうものか

H：先生がおっしゃる「健康な肌はサラサラ」は、まさに目から鱗でした。しっとりした肌がいいとばかり思っていたので。挫折してしまう人がいるのは、ひとつはその思い込みのせいですね。

U：そう信じ込んでいる人はほんとうに多いですね。

H：スキンケアにせよ、メイク用化粧品にせよ、魅力はなんといっても、つけると「きれいに見える」からですよね。「つるつるぴかぴか」になりますから。何もつけなくなった今でもそうは思います。ですから、たまにならいいや、と今でもファンデーションをつけています。

U：ところが、わたしのところに10年通っているような人は、必ずしもそうは思わなくなってきています。以前はファンデーションをつけたときのほうがきれいだったのに、今では何もつけていないときのほうが自然できれいだとおっしゃいます。

誰でも化粧をしているほうが肌はきれいに見える、そう思っていたけれど、ある時何もつけずにランチ会（昼の集まりなので、気づかれる人が多い）に行ってみたら、みんなから「肌がきれいだけど、ファンデーションは何を使っているのか」と質問された。「何もつけていない」というとひどく驚かれた、そういう話は枚挙にいとまがありません。

つまり、ファンデーションを塗っている人たちの中に、まったく何もつけていないらしいのに肌がきれいな人がいると、何だか気になる、何か目立つ。そういうことがあるみたいなんです。その差がある。つまり、化粧品を塗っていれば、それは単に「化粧した肌」になり、肌がきれいだとかきれいでない、という評価や驚きにはつながらないんですよ。

H：ああ、化粧した肌はみな一律に「化粧した肌」になってしまうんですね。

U：ところが「何もつけていない」と聞いて「ええ？　嘘でしょう、あなた、ほんとは何を（ファンデーションのこと）つけているの？」となる。

だからわたしの患者さんには「先生、わたしは昔から肌がきれいなんて言われたことなかったんですよ。だけどファンデーションをつけなくなってからは、肌がきれいだと言われるんです」という人が多いですね。

さっき平野さんは、きれいな肌というのは「つるつるぴかぴか」だとおっしゃいましたよね。それはね、ビニール肌なんて言われる、キメが無くなってしまった肌なんですよ。つまり、萎縮した肌、細胞分裂が停止した肌。萎縮してつるつるぴかぴかになってしまっている肌なんです。

健康な肌というのは、どういうものか――わたしは「桃の肌」と言っています。トマトだとかリンゴだとかを磨いたような肌、つるつるぴかぴかした肌というのは、不健康な肌の例えなんですよ。理想的な肌というのは、マシュマロの表面みたいなマットな感じです。柔らかそうで、ふわふわわっとしてさらさらしている。「桃の肌」が健康な肌のイメージです、と説明しています。

H：お話を伺っていて、思いだしたことがあります。昔ドイツにいたとき、スーパーで売っているりんごがみなひしゃげていてつやがないので、驚いたんです。日本じゃ売り物にならないようなりんごでした。

そして、日本に帰ってからお店のりんごを見たら、今度はあんまり美しいのでまた驚いたんです。つやつやぴかぴか光ってる。うわあ、ドイツとは違う、やっぱり日本の果物は美しいなあ。あそこの国はりんごまでジミだった……と。ドイツの女性はメイクしていませんでしたから。

ところが、その後、ドイツのりんごはこんなにぴかぴかしていなかったけど、別のきれいさがあったな、と思うようになったんです。なんといったらいいんでしょうか、「健康」とか「内側から輝いている」とかいうような……。

りんごのほんとうの美しさには気が付いたわたしも、化粧品マジックにはいまだ惑わされているってことかもしれませんね。

そう言えば、スキンケアをやめたばかりのとき、ひさしぶりに息子がやってきたんです。そのとき、肌の状態がひどかったので思わず「おかしい？　皮がむけてるでしょ」と言ったら、わたしの顔を見て「ほんとだ。でも、なんだか元気な感じがするね」と言ったんですよ。

U：ああ、肌が健康になったんですね。

H：肌のバロメーターとして「元気」というのがあるとは思わなかったので、びっくりしました。

どうしたら挫折を防げるか

H：まえがきにも書いたのですが、読者のなかには途中で挫折してしまった人たちもいます。もう少し我慢して続けてほしかったと、とても残念に思ったのですが、かく言うわたしも、スキンケアをやめて肌がひどい状態になったときに、北里研究所病院で矢沢先生に「大丈夫。そのまま続けてください。必ずよくなります」と言っていただいたからこそ、続けられたんだと思うんです。あのままひとりきりで続けていたら、わたしも、挫折してしまったかもしれません。

そういう人たちが、挫折しないで済む、いわばソフトランディングするにはどうしたらいいのでしょうか。

U：自分に合ったやり方でいいですから、とにかく少しずつやめていくことが重要です。

この「少しずつ」というやり方にはつぎの3つがあります。

1は、化粧品の数を減らすこと

2は、一度につける量をへらすこと
3は、間隔をあけること（毎日つけていたのを1日おき、2日おき……というように間隔をあけ、最後に全部やめる）

このなかで自分に合った方法を選んで実行してください。ただ、どのやり方を選ぶにせよ、クレンジングだけは即やめてください。毎日、乾燥肌を作る実験をしているようなものです。

H：そう言えば、挫折したけどクレンジングだけはやめた、という人はけっこう多いんです。石けんでもメイクは落ちると言うのでやってみたら、ほんとに落ちた、と。

U：それは良かった。それだけでも、ずいぶん変わると思いますよ。これは比較的やめやすいんでしょう。化粧品の一番の魅力である「保湿している安心感」のためのものではないですからね。さて、やめていく化粧品の順番ですが、基本は、肌に対するダメージの大きいものからやめていくほうがいいのです。具体的には乳液、クリームや美容液、化粧水の順となります。ただしこの方法は、効果が出やすい反面、つっぱることも多いので、挫折にもつながりやすいんですね。

この反対にダメージの少ないものからやめていくと、続けやすいメリットがありますが、その分効果が出るまで長くかかります。どちらでもいいんです。やりやすい方法を選んでください。

H：粉が吹いたり、かさついたりしていても、つっぱるなどの自覚症状がなければワセリンを塗る必要はありませんか？

U：塗る必要はありません。塗りすぎるとかえって皮膚を乾燥させてしまいます。また、肌に何かをつけるときは、手のひらに一度のばしてから、押しづけするようにしてください。こすることは肌の大敵ですから。

皮脂について

H：皮脂の保湿能力というのはどの程度なのでしょう。

U：保湿については、皮脂に注目する必要はないですね。皮脂というのは、必ず毛穴から毛に沿って出てくる。つまり、毛をメンテナンスするものであって、皮膚をメンテナンスするものじゃないんです。

誰でも一番きれいなのは、毛のないところの皮膚です。要するに、皮脂腺のほとんどないところ。

ですから保湿のためなら、皮脂はいらない。細胞間脂質がしっかりしていればいいんです。
皮脂は毛深さと密接に関係がありますから、男性のほうが多いのが普通ですが、皮脂腺が発達している男性もいればそうでない男性もいるのは、ひとつは男性ホルモンの違い、もうひとつはニキビを気にして洗いすぎてかえって皮脂が増えてしまうからです。洗いすぎて皮脂を取りすぎてしまうと、皮膚はその分を補おうとしてどんどん皮脂を分泌し始め、肌は脂性に傾いてしまう、するとまた洗う……とまあ、こういう悪循環が始まります。皮脂腺が発育するほどに、夏みかんの皮のような皮膚になります。

洗顔の温度について

U：冬になると皆さん肌が乾燥すると言います。なぜかと言うと、湿度30％以下というときにお湯で顔を洗っていらっしゃるからなんですよ。
33度以上あれば、皮脂はもちろんですが、大事な細胞間脂質が流れてしまいますから。お湯シャンプーもできるだけ水に近い温度がいいですね。わたしは「ぬるま水」と言っています。

H：真冬に冷水で顔洗うのはつらいですけど。

U：でも、肌のためには、出来るだけ冷たい水で。冬に、あったかいと感じたら34度、35度以上ありますから。水で洗顔している人の肌はそれだけできれいです。
先日、奥村チヨさんという冷水美容をされている歌手をテレビで拝見しました。あの方の肌は若くてきれいですね。
（２０１７年1月18日の「徹子の部屋」に奥村チヨさんが出演。冷水美容をすでに30年続けているとのこと。台所仕事もすべて水だそうで、手もとてもきれいでした。H）
H：あまり冷たいとかえって刺激があってよくないのではと思っていました。
U：冷たい水で洗顔することは、実は交感神経と副交感神経の両方を刺激するので、自律神経を鍛えるとても良い習慣にもなります。
H：そうなんですか……。そう言えば一度真冬に一週間ほど冷水で洗っていたとき、かさつきが減り、これは冷水のおかげか、たっぷり寝たせいかと首を傾げたことがありました（１６８ページ）。これからは、我慢できる範囲で冷たい水で洗うことにします。

水と言えば、わたしたちができる保湿は「水を飲むこと」だと知って、言葉にできないほどの衝撃を受けました。今さらのように「人間って動物なんだ！　こんなに原始的な生き物なんだ！」と。水を飲めば全身にいきわたるから、肌の保湿にもなる——考えればあたりまえなんですが、何度思い返してもうなってしまいます。

子どもたちにも広がっているスキンケア

H：最近は「光による老化を防ぎましょう」という記事をよく見ます。

U：政府指導で大キャンペーンをしているんですよね。それはオーストラリアで日焼け止め政策に失敗したからなんですよ。

H：だからでしょうか、小中学生の日焼け止め化粧品をはじめとするスキンケアが盛んになっている気がします。

U：白人であるオーストラリア人と違い、黄色人種であるわたしたち日本人はそこまで紫外線を恐れることはありません。健康のためにはある程度、紫外線を浴びる必要もあるんです。

H：そうそう、大阪市立総合医療センターの報告によれば、ビタミンDが欠乏している赤ちゃんが増えたとか。妊婦が紫外線を避けたため、母乳がビタミンD不足になったことが原因だとありました。これは２００８年の調査なのですが、日焼け止め狂騒曲のうねりと、実際の売り上げの増加を考えれば、今はその危険がさらに大きくなっているはずです（２０１５年の日焼け止めの出荷額は５００億円で、10年前の２倍）。

U：乳児に対しても、子どもの角質は未熟なのでクリームをつけなくてはならない、という話もあります。これはもう化粧品会社の過剰な戦略としか思えません。子どもまでが化粧品販売のターゲットにされています。とんでもないことなんですが、売れれば何でも有りの方向に向かっていますね。

H：ほんとにそうですね。子ども用の日焼け止めを新たに売り出した花王によると、小学生以下の子どもに日常的に日焼け止めを塗っている家庭の割合は、07年が13％だったのに、14年は21％に増えたそうです。「女性向けの市場が頭打ちのなかで、ターゲットを外遊びなど紫外線を浴びる機会が多い子どもに広げた」と担当者がいっていました（2016年、12月27日。朝日新聞デジタル）。

せっかくのきれいな肌に化粧水やクリームをつけるのだけはやめてもらいたい、心からそう思います。わたしの子どもの頃は、高校まではスキンケアもメイクも何もしないのが、ふつうでした。

U：今の大人たちはその分まだ肌が守られていますが、これからの子どもたちは心配です。子どもは肌そのものがほんとうに健康できれいなんですよ。そのままでまったく問題ありません。子ども時代からスキンケアをすることがいかに悲劇的な結果になるか、気づいてほしいです。

肌がきれいな人ほどダメージをうけやすい

U：最近、韓国から来る患者さんが多いんです、韓国でもわたしの本が出たものですから。みなさん、肌がボロボロになって困り切ってやってくるんです。ところが、そういう患者さんの化粧品の影響がない部分の皮膚を見ると「えっ！」と驚くばかりのキメの細かさなんです。日本人よりもさらにキメが細かくてきれいです。

ですから、「あなたの肌は本当はとても美しいのに、化粧品の使い過ぎのせいでキメが破壊されているんですよ」と説明します。そういう方に限って熱心にスキンケアしてきた、とおっしゃるんです。

韓国の患者さんたちをみていてわかったのは、もともと肌がきれいな、それこそベビースキンと言われる最高の肌の人ほど、スキンケアの悪影響を受けやすいということです。それに比べて、もう少しキメの粗い人――20代でも40代くらいの肌になっているような人――たいていの日本人はそうなんですが、そういう人はそこまでは化粧品のダメージを受けていません。

キメの細かい美しい肌の持ち主のほうが、化粧品のダメージが大きいと最近思うようになりました。最高にきれいな肌なのに、それ以上を求めて欲ばると、美肌からかけ離れていくということです。

H：わたしの本も韓国で出版されたのですが、翻訳の申し出があったとき、実はちょっと意外でした。なにしろ韓国は「美容大国」と言われるほど、スキンケアやメイクに熱心な国ですから。でも、だからこそ、いろいろ問題も多いんですね、たぶん。そう言えば、わたしもマイクロスコープであごの下の「本来の肌」を見たとき、キメがそろっていてとてもきれいだったのでびっくりしました。

U：そうですよ、そういうことなんです。

肌が健康だと体調がよくわかる

——わたしも「肌断食」を続けてよくわかったんですが、何もつけないでいると自分の体調がよくわかるようになりました。肌によく出るんです。つまり、寝不足だったり飲み過ぎた翌日にはきちんと吹き出物らしきものが出たり、カサカサしていたりと、てきめんに変化があるんですよ。肌は賢いなあ、よくわかっているなあ、と思いました。

U：ああ、そうですか。それはもともと肌が傷んでいると、それ以上悪くなりようがないのでかわらないけれど、健康な肌だとちょっとのことですぐに影響が出るということでしょうね。

H：面白いですねえ。そういうことなんですね。

U：それから、患者さんでこんな人もいました。数ヶ月「肌断食」をして、化粧品をやめたあと、今日は化粧品を使ってみよう、と昔の化粧品を使って化粧してクレンジングしてスキンケアをしたら、肌が真赤になってしまった、というのです。それで「わたしの肌は弱くなってしまったのでしょうか」と聞かれました。これはね、肌が弱くなったのではなく正常な反応をするようになったと言うことなんですよ。

H：なるほど！

U：もちろん、今まで通り昔の基礎化粧品を使ってスキンケアしても問題のない人もいますから、人によって違いはあります。でも、肌がほんとうに正常に戻ったために、化粧品に対してそういう反応をすることもあるんです。

H：それで思い出しましたが、昔、まったくスキンケアをしていなかった友人が初めて化粧品をつけたとき、やはり顔が真赤になったことがありました。わたしは自分がなんともなかったのでびっくりしました。

少しずつ慣らしていった結果、ようやくつけても平気になったと言ったので、わたしも一緒になって喜んだ覚えがあるんですけど。今思うと、これ、とんでもない話ですね（笑）。

「何もつけないスキンケア」は果たしてどこまで広まる？

H：最後になりますが、先生は、どうしたらこの考えがもっと広まるとお考えでしょうか。

U：最近、化粧品だけではなくて「常識だと言われていることがいかに非常識か」ということによく気づくようになりました。そのまちがった常識で作られた商品を売って大きな会社組織が出来てしまっている。産業として成長すると、会社がつぶれてしまうような情報は、当然広がらないですね。驚くほど。

自分たちの身は自分たちで守らないといけない時代なんですね。明らかに毒物を売っているとしても、それがもう大きな経済的な歯車の中にあり、その会社がつぶれてしまったら数万人が失業してしまうとか、困ってしまう、というような場合には、それに関する正しい情報はたとえ正しくてもまったく広まらないですね。食品、薬、車、たくさんの例があります。

H：化粧品産業も売上高二兆円を超す一大産業です。そう言えば、カネボウの白斑事件、いまだに治療法が見つかっていないそうです。それなのに、8割のお客が残ったとか。なんででしょうかねえ。

U：日本人はすぐ忘れてしまうんですよ。なにか起こっても、すぐなかったようになってしまう。企業の責任も一時的なもので済みます。そしてまた広告で「これをやるべきだ、こうするべきだ」とマインドコントロールするわけです。ものすごいマインドコントロールですよ。怖いですよね。変えられないですよ、もう。大企業からしてみると、我々は巨大な養鶏場の鶏みたいなものです。

H：わたしもマインドコントロールされていた一人ですから、よくわかります。今思うと自分でもびっくりするくらい、いろいろ塗り込んでいました（笑）。

――でも、宇津木先生のご本が出版され、既に何万人かの読者によって広がっていったわけですから……。

U：そうですね、広告を出してもらったわけではないですが、それこそ読者の方の口コミで、じわじわと広がって読まれているようです。ありがたいことだと思います。

――さらに、本書の「肌断食」という言葉を、女優さんなどもメディアで使うようになりましたね。

U：ああ、そうなんですか。

H：ただ、先生が提唱されているような意味ではなく、佐伯チズさんがおっしゃっている「週末くらいは何もつけないでいいようよ」という意味のようですが。でも、いずれにしても、「塗り過ぎてもよくない」くらいは思う人が増えてきたのはたしかです。

最近、続けて興味深い経験をしました。マスカラを買いにいったとき、スキンケア用品のサンプルをつけてくれようとしたので、「サンプルをくださるなら、メイク用品のサンプルがいいです。スキンケアは一切やっていないので」と言ったんです。そうしたら、その販売員さん、若い女性だったのですが、「えっ?」と目を丸くしたんですよ。

「もう、6～7年、水で洗顔するだけで、何もつけていません、今日も洗いっぱなしです」と言うと、じっとわたしの顔をみて「でも、お肌、きれいですねえ」と言うんです。まあ、営業トークも入っていると思いますが、品物を包みながら首をかしげて、ひとりごとのようにこうつぶやいたんですよ。

「やっぱり、いろいろつけないほうがいいんだろうか……」

それからひと月ほどたって、今度はファンデーションを買いに別のメーカーのカウンターにいきました。今度は40歳くらいの、ベテランの女性でした。また、同じことを言ったら、反応も同じだったんです。長年化粧品会社で働いているとのことでしたが、じっとわたしの顔をのぞきこんで、ため息まじりに、「お肌、きれいですねえ。やっぱり、いろいろつけないほうがいいんでしょうか?」って(笑)。

発言までそっくり同じだったのでおかしくなりました。

昔は化粧品メーカーの店員さんはそんなことを言ったりしなかったと思うんです。

U:「何もつけないスキンケア」を皮膚科や美容皮膚科学会等で啓発するようになってから12年以上経過し、大学病院でも若い皮膚科医のなかには、わたしと同じように考える医師も、少ないとはいえ確実に増えてきています。

そう言えば、アンチエイジングで著名な慶應の先生の会合に参加した折に、若い皮膚科の先生たちが来ていたことがありました。そこで「何もつけないスキンケア」という本を書いている、と紹介されたところ、僕らも患者さんたちには「何もしない」ように勧めているんですよ、と言うじゃないですか。

「そうはいっても、やっぱりクリームやローションをつけなさいとか、乾燥肌には化粧水とか、言っているんじゃないですか」と問い返したら「いやいや、僕らはもう何もつけなくていいと言ってます。まあ、医者によりますけどね」と言ってました。

それもわたしの本を読んだからではなく、若い皮膚科の先生たちのなかでは、勉強する過程ですでに、肌には何もつけなくていいという考えが市民権を得つつあるのでは、と感じています。ちょっと驚きましたが、いやあ、嬉しいですね。

H：そうなんですか！　すばらしい。ぜひぜひ、そういう若い世代の皮膚科の先生たちが増えていってほしいです。そうしたら、たとえ遅々とした歩みであっても、いずれは変わっていくのではないでしょうか。

（2016年12月収録）

宇津木龍一（うつぎ・りゅういち）
北里大学医学部卒業。日本で最初のアンチエイジング専門施設・北里研究所病院美容医学センターを創設。センター長を務めた。日本では数少ないアンチエイジング治療専門の美容形成外科医。現在、クリニック宇津木流の院長として診察を行う。著書に『「肌」の悩みがすべて消えるたった1つの方法——美肌には化粧水もクリームも必要ありません——』『宇津木式スキンケア事典　化粧品をやめると、肌はよみがえる』など多数。

あとがき

今のわたしが言えるのは、「大丈夫ですよ。7年たってもなんともありませんから」……ではありません。

だって、肌の状態が年々よくなってきたんですから。

つっぱらないだけでなく、冬になってもかさつかず、皮むけもなくなりました（2011年の10月にはまだ皮がむけていました）。さらに、「つや」がでてきました。といっても、これはスキンケアによる「お肌ぴかぴか」のつやとは違います。光線を自然に反射している感じ、といったらおわかりいただけるでしょうか。

もうずいぶん前になりますが、ある晩、すこし残っていたスキンケア用化粧品を使って、以前と同じ「お手入れ」をしてみました。ながく何もつけていない自分がどんなふうに感じるか、興味があったのです。夜、いつものように水で洗顔してから、美容液、そしてナイトクリーム。さて……たしかにいつもよりきれいにみえます。肌の上にクリームがのっていて、それが電気に照らされて光っているのがわかります。

つけたときの感じ——これも前と同じです。しっとりと気持ちがよい。それだけでなく、肌にスッとしみこんでいくような気がします。

化粧品恐るべし！　魔力としか言いようがありません。

ところが……翌朝顔を洗ったとき、またまたびっくりするようなことが起きたのです。なんと、ぬるぬるして気持ちが悪かったのです。

「つるつるするのは、顔にのっている美容液やクリーム」であり、「そのために気持ちがよいだけで、じつは肌に悪い」のはよーく知っていました。でも、まさか「気持ちが悪い」と思うようになるなんて！

人の感じ方とはこれほどまでに変わるものなんですね。


しつこいようですが、「スキンケアをやめて肌が健康になったらすべてオーライ」ではありません。たとえ健康な肌であっても、季節や体調の影響を受けて肌はたえず変化しているのです。そりゃそうです、わたしたち、生きているんですから！

きれいな肌のためには、充分かつ適正な睡眠、栄養、運動が大事なのは言うまでもありません。けれども、夜更かしで運動嫌いでずぼらなわたしには、これらをきちんと実行するのはとうてい無理。

なぜって、みんな「何かをする」ことですからね。

でも、スキンケアをやめるのはとてもかんたん。

だって、「何もしない」ことですから。


4年前、河出書房新社編集部の田中優子さんは、わたしの原稿を一読されてすぐにこう言われました。

「スキンケア、やめました」

本の出版にあたってお世話になっただけでなく、同志でもある田中さんも、快調に「肌断食生活」を過ごされている由。ひとりでも多くの方に「カンタン、ラク、タダ」のすばらしさを味わっていただきたいとの田中さんの熱意が、こういう形で実を結びました。

ほんとうにありがとうございました。

追記
ついこの間、とってもうれしいことがありました。渋谷のケーキ店で、「あのう、『肌断食』を書かれた方ではないでしょうか」と、店員さんに声をかけられたのです。つぎにご紹介するのは、その方のお話です。
「あの本を書いてくださってほんとうにありがとうございました。ご本を読んでわたしもスキンケアをやめました。いまはワセリンだけです。わたしの様子をみて、ここのスタッフも全員、やめたんですよ。わたしの場合、なんと長い間の悩みだった手の荒れまで治ってしまいました。時間もお金もかからず、ほんとに日々の暮らしがラクになりました。みんなで言ってるんです――なんだ、何もつけなくっても平気じゃないの、って」

やっぱりじわじわとひろがっているんだ……お話を聞きながら、心がほんわかとあったかくなるのを感じました。最新版のあとがきを書いているときの出来事というのにも、何か不思議なめぐりあわせを感じます。

平野卿子

2017年2月

●注

注１　『ミクロのスキンケア』（宇津木龍一、日経ＢＰ企画　2003年）

注２　『化粧の心理学』（ジーン・アン・グラハム、アルバート・Ｍ・クリグマン著、早川律子訳・監修、週刊粧業　1988年）

注３　『大人のスキンケア再入門』（吉木伸子、光文社知恵の森文庫　2008年）

注４　『誤解だらけのスキンケア』（北原東一、主婦と生活社　2007年）

注５　資料「年齢と肌の関係」三木聡子（東邦大学医学部第二皮膚科）ほか：皮膚弾力による肌年齢の算出（日本皮膚科学会雑誌　The Japanese Journal of Dermatology Vol.114, No.3, 2004）

注６　『あぶない化粧品　美しくなるために』（日本消費者連盟編著、三一書房　1979年）その後も、同出版社より続編が刊行されている。

●参考文献

『肌の悩みがすべて消えるたった１つの方法』（宇津木龍一、青春出版社　2012年）
メールマガジン「秘密の皮膚科学」（http://himitsu-cosme.com）
『人体常在菌のはなし――美人は菌で作られる』（青木皐、集英社新書　2004年）
『化粧せずには生きられない人間の歴史』（石田かおり、講談社現代新書　2000年）
『化粧と人間』（石田かおり、法政大学出版局　2009年）
『コスメの時代』（米澤泉、勁草書房　2008年）
『コスメの真実』（美容研究会コルス、竹内書店新社　2001年）
『化粧セラピー』（資生堂ビューティソリューション開発センター編、日経ＢＰ社　2010年）
『夢と欲望のコスメ戦争』（三田村蕗子、新潮新書　2005年）
『バカがつける化粧品』（小澤玉春、メタモル出版　2004年）

★本書は2013年3月刊行の『肌断食――スキンケア、やめました』を改訂したものです。

●著者紹介

平野卿子（ひらの・きょうこ）

1945年生まれ。お茶の水女子大学卒業後、ドイツのテュービンゲン大学留学。『南京の真実』（講談社）、『北朝鮮を知りすぎた医者』（草思社）、『灼熱』（集英社）、『トーニオ・クレーガー』（河出書房新社）など、訳書多数。『キャプテン・ブルーベアの13と1/2の人生』（河出書房新社）で、2006年レッシング・ドイツ連邦共和国翻訳賞を受賞。著書に『三十一文字《みそひともじ》で詠むゲーテ』（飛鳥新社）がある。

最新版

肌断食――スキンケア、やめました

2017年3月20日　初版印刷
2017年3月30日　初版発行

著　者　平野卿子
イラスト　ぽちる
装　丁　エトワール
発行者　小野寺優
発行所　株式会社河出書房新社
東京都渋谷区千駄ヶ谷2-32-2
電話　03-3404-1201（営業）03-3404-8611（編集）
http://www.kawade.co.jp/
印刷　株式会社暁印刷
製本　小泉製本株式会社

Printed in Japan
ISBN978-4-309-27826-1